DIREITO URBANÍSTICO

Alceli Ribeiro Alves

Freitas Bas

Copyright © 2025 by Alceli Ribeiro Alves.

Todos os direitos reservados e protegidos pela Lei nº 9.610, de 19.2.1998.
É proibida a reprodução total ou parcial, por quaisquer meios, bem como a produção de apostilas, sem autorização prévia, por escrito, da Editora.
Direitos exclusivos da edição e distribuição em língua portuguesa:
Maria Augusta Delgado Livraria, Distribuidora e Editora

Direção Editorial: Isaac D. Abulafia
Gerência Editorial: Marisol Soto
Copidesque: Lara Alves dos Santos Ferreira de Souza
Revisão: Enrico Miranda
Diagramação e Capa: Pollyana Oliveira

Dados Internacionais de Catalogação na Publicação (CIP) de acordo com ISBD

A474d	Alves, Alceli Ribeiro
	Direito Urbanístico / Alceli Ribeiro Alves. - Rio de Janeiro, RJ : Freitas Bastos, 2025.
	168 p. : 15,5cm x 23cm.
	ISBN: 978-65-5675-481-9
	1. Direito. 2. Direito urbanístico. I. Título.
2025-278	CDD 340
	CDU 34

Elaborado por Odilio Hilario Moreira Junior - CRB-8/9949

Índice para catálogo sistemático:
1.Direito 340
2.Direito 34

Freitas Bastos Editora
atendimento@freitasbastos.com
www.freitasbastos.com

Às minhas filhas
Clara Stela Ribeiro Alves
e
Alice Stela Ribeiro Alves,
amores, alegrias e orgulhos do papai.

APRESENTAÇÃO

A urbanização mundial é um dos fenômenos mais significativos na história da humanidade, sobretudo na sua fase mais recente, da história contemporânea. Se antes a urbanização tinha como alavanca a indústria, hoje este argumento não mais se sustenta a partir dessa única premissa. A globalização nos mostra que as cidades continuarão a ser o centro de gravidade para as atividades econômicas, mesmo na fase pós--industrial. A geografia das economias e o sistema financeiro continuarão a ser produto e representação do processo de urbanização, de modo que o capital continuará a exercer sua mobilidade, transitando de lugar em lugar, territorializando alguns espaços, desterritorializando outros.

É notório que diversas regiões do mundo passaram por um processo de urbanização muito acelerado ao longo das últimas décadas, mas que certamente também apresentou variações de um país para outro. Apesar da potência econômica e da grandeza populacional que representa, a China, por exemplo, tornou-se urbana apenas em 2011. O Brasil, no entanto, tornou-se urbano ainda no século XX, mais precisamente entre as décadas de 1960 e 1970.

No que concerne a esse rápido processo urbano e seus reflexos no território brasileiro, importante destacar as particularidades envolvendo a urbanização nas cidades brasileiras. A urbanização brasileira ocorreu de forma acelerada, desordenada e concentrada, gerando profundas mudanças territoriais, econômicas e socioambientais, além de trazer enormes desafios para a efetivação de diversos direitos, tais como a educação, a saúde, a moradia, entre outros.

Essas mudanças são visíveis no chão da cidade, cabendo a cada um de nós, e principalmente ao poder público, acompanhar as iniciativas que emergem a cada nova onda de produção e transformação dos espaços urbanos e regionais, na perspectiva do Direito à Cidade e da gestão democrática das cidades. Isso é particularmente importante quando constatamos os problemas que desafiam a gestão e interferem na qualidade de vida daqueles que optam por viver ou precisam viver nas cidades.

Mas, apesar da extensão territorial do Brasil, constatamos, na região concentrada do país, a luta em torno da escassez de espaços habitáveis, pela propriedade e pela moradia digna. Não por acaso, multiplica-se pelo Brasil uma variedade de aglomerados subnormais, áreas que, sabidamente, apresentam contextos e problemas socioeconômicos, urbanos e ambientais muito graves e complexos. Há também ocupações coletivas em áreas de preservação permanente, bem como a especulação imobiliária, que contribuem para a construção de uma rede complexa de relações em torno da efetivação do direito à moradia digna.

Para além dessas questões, a efetivação do direito à moradia é condição para efetivação de outros princípios e direitos fundamentais, como a educação, a saúde e a dignidade humana. Contudo, parece que nossa população carece de uma alfabetização urbanística, para compreender a importância da participação ativa no processo de produção do espaço urbano. Diante dessa constatação, e considerando as várias aproximações que este livro realiza, um dos objetivos é despertar o interesse em nossa sociedade pelas questões que urgem no tocante ao urbano, à propriedade urbana, à moradia e tantas outras questões que impactam o cotidiano de nossas vidas desde a idade mais tenra.

Conforme argumenta-se no âmbito desta obra, essa complexa organização territorial causada pelo acelerado e desordenado processo de urbanização acarreta diversos problemas na escala urbana, impondo aos municípios brasileiros a obrigação de adotar ações e instrumentos alinhados com a política de desenvolvimento urbano, instituída na Constituição da República Federativa do Brasil de 1988.

Apesar da enormidade de problemas e desafios, é importante ressaltar a inovação trazida pela Lei nº 10.257, de 10 de julho de 2001 (Estatuto da Cidade), que trouxe diversos instrumentos capazes, ao menos em tese, de efetivar a política urbana, reduzir as desigualdades e promover a justiça social.

Assim, tratar de Direito Urbanístico e dos desafios pelos quais passam as cidades brasileiras é relevante não apenas sob o ponto de vista

APRESENTAÇÃO

jurídico-constitucional, mas também social, econômico, ambiental e urbano. Daí o porquê de se considerar que a abordagem adotada neste livro não apresenta interseções apenas com diversas áreas do direito, tais como direito constitucional, administrativo, imobiliário, civil e ambiental, mas também possui um recorte temático transversal e interdisciplinar, sobretudo quando consideramos a produção e a transformação do espaço urbano de modo particular, e a questão da função social da propriedade inserida no amplo contexto do urbanismo, dos negócios imobiliários e da gestão democrática de cidades.

Desenvolvido no campo da pesquisa jurídica e geográfica, a análise que aqui conduzimos faz uso da pesquisa exploratória, predominantemente qualitativa, embasada em pesquisa bibliográfica e documental. Apesar de não perseguir o processo matemático de interpretação, análises quantitativas também se fazem presentes na obra, e buscam captar, por exemplo, a aplicação do instrumento de desapropriação para fins urbanísticos, a efetividade do princípio constitucional da função da propriedade, a recepção e efetividade do direito à moradia a partir da utilização do instrumento de Concessão de Uso Especial para fins de Moradia (CUEM), entre outras aplicações da análise quantitativa.

Nessa perspectiva, a obra abarca uma pesquisa que pode ser considerada mista ou qualiquantitativa. Admitindo como ausente a intenção explícita de quantificar, reitera-se que as análises matemáticas serviram para complementar os raciocínios apresentados de maneira conceitual e contextualizada.

Quanto ao público-alvo, o livro destina-se a um público bastante heterogêneo, envolvendo estudantes de graduação e pós-graduação, profissionais interessados no planejamento e na gestão de cidades, tais como gestores públicos, administradores, profissionais do Direito, geógrafos, urbanistas, arquitetos, gestores de negócios imobiliários. Também, para todos aqueles cidadãos, instituições e entidades que se interessam pelas questões voltadas ao urbanismo, ao futuro de nossas cidades e à produção do espaço urbano e regional de modo geral.

Isso posto, a obra oferece *insights* e reflexões úteis que podem contribuir para as discussões em torno da efetivação dos princípios e instrumentos relacionados ao pleno desenvolvimento das cidades e ao próprio exercício do direito à cidade. Em uma perspectiva otimista, espera-se que auxilie em uma melhor compreensão acerca dos problemas da urbanização brasileira e da necessidade de se mobilizar agentes para a efetivação de tantos outros direitos relacionados direta ou indiretamente às questões urbanas, como o direito à propriedade, moradia, segurança, educação, infância, entre outros.

Trata-se de um livro que não precisa necessariamente ser lido do começo ao fim, de forma linear ou sequencial, pois cada capítulo oferece *insights* e reflexões distintas para serem analisadas, cotejando com as soluções possíveis para os problemas urbanos à luz da gestão urbana, do direito e dos instrumentos de política urbana. Logo, esperamos que ele seja um recurso útil para ser consultado em discussões conceituais e teóricas, bem como em aplicações didáticas e práticas relacionadas ao ensino e à aprendizagem do Direito Urbanístico.

Uma vez que apresentamos o contexto da obra, passemos, então, a expor os conteúdos que a compõem e a distribuição destes nos diversos capítulos. O livro está organizado em sete capítulos: o primeiro discorre sobre o conceito de cidade, conceito fundamental nos estudos urbanos, de modo que é importante distingui-lo em relação a outro conceito igualmente importante, o conceito de urbano. Neste mesmo capítulo, trataremos do objeto de estudo do Direito Urbanístico, considerando-o como um ramo autônomo do Direito, bem como um arcabouço de normas complementares. Ainda nesse mesmo tema, abordaremos a interseção do Direito Urbanístico com outros ramos do Direito, e também fora do Direito, demonstrando a transversalidade e a interdisciplinaridade que envolve as questões urbanas. O capítulo é concluído com algumas reflexões de ordem metodológica que perpassam toda a obra.

No segundo capítulo, vamos nos ater ao processo de urbanização brasileira e as implicações desse processo para a efetivação de vários direitos, para a gestão de cidades e, principalmente, para as questões em torno do direito à moradia. Acredita-se que no tratamento dos processos de urbanização mundial e de urbanização brasileira é possível ter uma visão mais abrangente e contextualizada acerca das implicações que esses processos geraram no tocante à efetivação do direito humano fundamental à moradia nas cidades brasileiras. Neste capítulo são abordados alguns dos principais obstáculos enfrentados pelo Brasil no que se refere à implementação da política urbana no país, com destaque para uma análise

APRESENTAÇÃO

mais empírica, que nos aproxima da realidade vivida pela Comunidade Portelinha, situada na cidade de Curitiba, no Estado do Paraná. Nesse sentido, tratamos do Direito Urbanístico a partir de um olhar de — e para o — Brasil, ou seja, para o Direito Urbanístico brasileiro.

Iniciando as discussões sobre a promoção do direito à cidade e a eficácia e efetividade das normais constitucionais relacionadas ao urbano, destaca-se a importância do Estatuto da Cidade, Lei nº 10.257, de 2001, que tem por objetivo ordenar o pleno desenvolvimento das funções sociais da cidade e garantir o bem-estar de seus habitantes.

Dentre os instrumentos da política urbana mencionados na referida lei, e como forma de garantir que a propriedade urbana cumpra sua função social, o Estatuto da Cidade faz uso de institutos jurídicos e políticos, daí a importância que conhecermos as diretrizes e os instrumentos de política urbana e reconhecermos a possibilidade e a potencialidade da aplicação de tais instrumentos. É exatamente sobre essas questões que o terceiro capítulo procura se debruçar.

Todavia, para tratar da efetividade de tais instrumentos, há que se analisar não apenas a existência dos fundamentos e princípios constitucionais que garantam determinados direitos no tocante à política urbana, mas também o papel desempenhado pela propriedade no contexto atual e, sobretudo, sua relação com a função social dentro do amplo contexto da cidade. Tema este debatido no quarto capítulo do livro. De tal modo, para que a propriedade cumpra sua função social, é necessário o desempenho do papel do Estado, na garantia do Direito, na busca pela efetividade da norma jurídica. Por isso, a preocupação dos agentes que produzem e transformam o espaço urbano deverá considerar não apenas a validade e a eficácia das leis que tratam da matéria, mas também a efetividade do princípio constitucional da função social da propriedade.

Para refletirmos sobre o direito à moradia como um direito humano fundamental recepcionado no Estado Constitucional brasileiro reservou-se o quinto capítulo, que versa também sobre a importância do princípio da dignidade humana e o da função social da propriedade na construção do direito humano fundamental à moradia.

Ampliando as discussões em torno da efetivação do princípio da função social da propriedade, tratamos de um instrumento de política urbana que possui relação direta com o exercício do direito de propriedade urbana, a desapropriação para fins urbanísticos. A desapropriação é um instrumento bastante antigo utilizado pelo Estado como forma de intervir na propriedade, abarcando diversos diplomas regulamentadores.

Com o estudo dessa temática objetiva-se analisar a intervenção do Estado na propriedade a partir do instrumento de desapropriação para fins urbanísticos. Nesse sentido, busca-se compreender se, e como, o Estado brasileiro estaria garantindo a ordem urbana não apenas a partir de um olhar acerca da eficácia, mas também da efetividade do princípio constitucional da função social da propriedade quando a matéria trata de desapropriação.

E é exatamente nesse mesmo contexto que emerge a seguinte questão: quão distinto é o instrumento de desapropriação à luz do Estatuto da Cidade em relação às outras espécies de desapropriação já estabelecidas no ordenamento jurídico-constitucional no Brasil? Procuramos responder essa questão no sexto capítulo.

Resgatando um pouco da análise conduzida no quinto capítulo, no tocante ao direito à moradia, o sétimo capítulo examina a utilização de um instrumento de política urbana bastante específico, o instrumento de CUEM. A partir deste enfoque, e considerando o contexto do processo acelerado, concentrado e desordenado de urbanização brasileira, a obra traz uma análise que busca compreender o seguinte problema: se, e como, o Estado brasileiro estaria assegurando o direito humano fundamental à moradia a partir da efetivação do instrumento da CUEM?

Portanto, nesse capítulo, apresenta-se a análise da jurisprudência do Tribunal de Justiça do Paraná (TJPR) e do Superior Tribunal de Justiça (STJ) com foco no instituto da CUEM como instrumento capaz de promover e efetivar o direito fundamental à moradia, apoiando-se sempre no processo de evolução na disposição de normas pertinentes a este direito.

Nesse sentido, a hipótese considerada é a de que, apesar da eficácia da CUEM, conforme estabelece o art. 4º, inciso V, alínea *h*, da Lei nº 10.257, de 10 de julho de 2001, sua utilização como instrumento de política urbana pela via administrativa parece pouco observável nas cidades brasileiras e/ou se desdobra no processo de judicialização das demandas.

O direito à moradia nos chama a atenção não apenas porque está atrelado ao rol dos direitos humanos e garantias fundamentais, tendo ampla previsão no ordenamento jurídico brasileiro. Chama-nos a atenção

APRESENTAÇÃO

também pela necessidade de confrontarmos questões cruciais para o desenvolvimento social, econômico, urbano e ambiental nas cidades brasileiras, incluindo-se aqui a receptividade e a efetividade de direitos humanos fundamentais no ordenamento jurídico brasileiro, a redução das desigualdades e da justiça social, sobretudo para aqueles extratos mais vulneráveis da sociedade.

A escolha desses temas justifica-se pela necessidade de confrontarmos questões cruciais para o desenvolvimento social, econômico, urbano e ambiental nas cidades brasileiras. Isso porque a propriedade e a moradia exercem enorme importância para a construção da vida em sociedade, para a gestão democrática e, em particular, para a geração da identidade dos sujeitos e o desenvolvimento do senso de pertença a um lugar.

Ainda, o número de imóveis urbanos utilizados para fins de moradia social ou de acomodação das pessoas mais pobres e vulneráveis nas cidades brasileiras é praticamente insignificante. Contudo, diversos imóveis nas regiões centrais e mesmo periféricas das grandes cidades encontram-se desocupados, subutilizados ou mesmo sem função alguma, o que nos incita a buscar compreender o papel dos agentes e negócios imobiliários na produção do espaço urbano.

Há também a especulação imobiliária, cabendo muitas vezes ao Ministério Público atuar em determinadas situações que são de sua competência. Além das políticas públicas de modo geral e as habitacionais em particular, o mercado imobiliário é componente importante no processo de produção e transformação do espaço urbano e no desenvolvimento das cidades. Daí o porquê de muitos autores hoje entenderem a cidade como um negócio.

Espera-se estar contribuindo com a produção deste livro para o avanço dos estudos urbanos, com uma leitura multidimensional e multiescalar dos problemas que envolvem a ordem jurídico-urbanística brasileira, uma ordem que requer olhar transversal, multidisciplinar e humano dos fatos e eventos que produzem e transformam o espaço urbano no território brasileiro.

Ao mesmo tempo, procura-se apontar e debater sobre as soluções possíveis para um desenvolvimento mais justo, solidário, ambientalmente equilibrado, que cada vez mais depende de profissionais dotados de competências que superam paradigmas antigos presentes em suas formações, dentro e fora do Direito. Desenvolvimento urbano que também depende e conclama a sociedade para participar efetivamente, daí o porquê de a contribuição desta obra perpassar também pela defesa de uma proposta que promova cada vez mais a alfabetização urbanística, a conscientização ambiental e a apropriação do direito como recurso de luta política.

Boa leitura!

PREFÁCIO

O estimado líder espiritual Yogi Bhajan certa vez nos ensinou: "Se quiser aprender alguma coisa, leia a respeito. Se quiser entender alguma coisa, escreva a respeito. Se quiser dominar alguma coisa, ensine a respeito". Assim, com maestria e brilhantismo, Alceli Ribeiro Alves escreve a primorosa obra *Direito Urbanístico* e com total domínio da temática, nos ensina de uma forma didática e ao mesmo tempo consistente as questões urbanísticas que envolvem o ordenamento jurídico brasileiro pelo olhar da Geografia, área no qual, o autor é Doutor. Por isso, diria uma obra prima, daquelas que raras vezes encontramos nas prateleiras, pois escrita por alguém que transita com elegância nas duas áreas do conhecimento.

Por isso, para mim, escrever o prefácio desta obra é um privilégio que carrego com grande satisfação, especialmente quando se trata do trabalho de um ex-aluno que, com excelência, desenvolveu sua própria jornada no mundo do Direito. É com orgulho que apresento o livro *Direito Urbanístico*, de autoria do professor e pesquisador Alceli Ribeiro Alves.

Uma oportunidade de diálogo entre o Direito e a Geografia. O Direito, que as vezes aparece com um "pouco de arrogância" clama pelo conhecimento de outra área da pesquisa para auxiliá-lo nas questões técnicas relacionadas à dinâmica do espaço com foco na construção de uma cidade sustentável.

O autor Alceli é uma mente brilhante que transita entre diferentes áreas do conhecimento. Sua formação inicial em Geografia, aliada à sua formação jurídica e aos títulos de mestre em ambas as áreas e doutor em Geografia, confere à sua produção acadêmica uma perspectiva multidisciplinar, tão necessária para a compreensão da complexidade que permeia o Direito Urbanístico.

O livro que o leitor tem em mãos é um marco na abordagem do *Direito Urbanístico*, organizado de forma didática e profunda. Alceli inicia o primeiro capítulo com os conceitos fundantes da disciplina, fornecendo ao leitor, tanto da área jurídica como de áreas conexas, uma base robusta para acompanhar o desenvolvimento das ideias nos capítulos subsequentes. A partir da delimitação do objeto de pesquisa do Direito Urbanístico, algumas reflexões de ordem metodológica relacionadas à análise de julgados são apresentadas aos leitores.

Em seguida, no segundo capítulo, o Direito Urbanístico brasileiro é apresentado com foco na implementação do direito fundamental à moradia adequada. Sobre este ponto, faremos uma pausa para uma profunda reflexão a partir da leitura desta obra.

No ordenamento nacional, o direito à moradia foi inserido na CF/88 como direito social pela Emenda Constitucional nº 26/2000. O déficit habitacional e suas consequências, sem dúvida, são um dos maiores problemas sociais no Brasil. Apesar de todos os esforços e debates sobre assentos informais, moradias precárias e indignas que permearam estudos acadêmicos nos últimos anos, o País ainda possui milhões de brasileiros que habitam em condições insalubres e inadequadas. Tudo isso gera impactos em massa, sejam eles *ambientais* com a ocupação de áreas de preservação ou áreas de risco; *econômicos*, em razão dos altos custos dos programas de regularização; *legais*, como a falta de segurança da posse ou as remoções forçadas; e, sobretudo, *sociais*, com o aumento da marginalidade, discriminação no mercado de trabalho e afetação da vida das crianças.

Toda esta reflexão é colocada pelo Autor de forma teórica e prática através do estudo da Comunidade de Portelinha localizada na cidade de Curitiba. Uma comunidade dentre tantas no solo brasileiro que reflete a necessidade urgente de pensarmos no Direito Urbanístico e sua função sócio-habitacional.

No terceiro capítulo o Estatuto da Cidade é apresentado com a técnica e rigor que a disciplina exige, mas sem perder o foco na função promocional da cidade a partir do seu arcabouço legal e principiológico.

No quarto capítulo a temática proprietária é revelada com foco nas diversas implicações que a lei delimita. O instituto da propriedade ganha corpo, conceito próprio e função, de acordo com a área jurídica em questão. Isso quer dizer que não importa se estar-se-ia analisando a propriedade pública ou privada, urbana ou rural, a propriedade intelectual, a propriedade móvel ou imóvel, pois o Autor nos ensina que toda espécie de propriedade condiciona seu uso a partir do cumprimento de uma função social. Assim, a propriedade é analisada pela sua importância consagrada como um direito fundamental previsto no *caput* do artigo 5º. A função social torna-se conteúdo do próprio direito de propriedade.

No quinto capítulo a temática do direito à moradia é retomada através de uma análise contextualizada pelo ordenamento jurídico brasileiro e as legislações que permeiam o tema como, por exemplo, a lei que implementou no Brasil o Programa Minha Casa, Minha Vida.

No sexto capítulo a desapropriação será apresentada de maneira pormenorizada e didática. Seu estudo perpassa pela desapropriação para fins urbanísticos e análise dos principais julgados do Brasil, em especial do Superior Tribuna de Justiça.

Por fim, no sétimo e último capítulo, a concessão de uso especial para fins de moradia é apresentada como instrumento de efetivação do direito humano fundamental à moradia. Aqui, uma nova pausa. Alceli também integra o grupo de pesquisa que tenho a honra de coordenar, dedicado à Regularização Fundiária, com especial ênfase na Concessão de Uso Especial para Fins de Moradia. Essa experiência prática e acadêmica transparece em cada página desta obra, em especial deste capítulo.

A CUEM é um importante instrumento de gestão da política urbana do patrimônio público, cuja aplicabilidade deve seguir rigorosamente os preceitos legais. Podemos conceituar CUEM como sendo um instrumento de política urbana e social que se traduz num mecanismo de gestão patrimonial para a administração pública, visando regularizar moradias em ocupações irregulares e em bens imóveis públicos, pela outorga de uso dos respectivos bens, com vistas a respaldar a função social da posse e a otimização de uma cidade sustentável. Como ato administrativo, é unilateral, vinculado, gratuito, perpétuo, independe de licitação e confere um direito real de uso aos ocupantes, de forma individual ou coletiva, preenchidos os requisitos legais.

Dito isto, o papel da Cuem como instrumento garantidor de moradia adequada à pessoas que preencham os requisitos legais, em especial à população de baixa renda caracteriza o que de mais moderno e desconhecido temos pelos operadores do Direito. Por isso, a obra também é um convite ao conhecimento e estudo deste instrumento.

Parabenizo Alceli Ribeiro Alves, professor, pesquisador e um amigo especial pela obra que coloca à disposição de todos nós.

Com carinho, apreço e reverência,

Camila Bottaro Sales Coelho
Doutora em Direito pela UFPR
Professora Universitária
Pesquisadora em Regularização Fundiária

SUMÁRIO

CAPÍTULO 1
DIREITO URBANÍSTICO 21
1.1. Os conceitos de Cidade e de Urbano 21
1.2. Objeto do Direito Urbanístico 25
1.3. Domínio do Direito Urbanístico 27
1.4. O caráter interdisciplinar do Direito Urbanístico 31
1.5. Algumas reflexões de ordem metodológica: a noção de paradigma e a pesquisa de jurisprudência como paradigma emergente no Direito 33

CAPÍTULO 2
DIREITO URBANÍSTICO BRASILEIRO, URBANIZAÇÃO BRASILEIRA E O DIREITO FUNDAMENTAL À MORADIA 38
2.1. Urbanização brasileira e as implicações para a efetivação do direito humano fundamental à moradia 38
2.2. Os desafios enfrentados no processo de implementação da política urbana no Brasil 48
2.3. Estatuto da Metrópole: a questão metropolitana, a reestruturação produtiva e o sistema financeiro 52
2.4. Comunidade Portelinha: uma realidade urbana, brasileira e curitibana 55

CAPÍTULO 3
O ESTATUTO DA CIDADE E A PROMOÇÃO DO DIREITO À CIDADE 61
3.1. O Estatuto da Cidade e o Direito à Cidade 61
3.2. As diretrizes gerais da política urbana 63
    3.2.1. A execução da política urbana: arts. 182 e 183 da CRFB/1988 64

3.2.2. O apelo à questão ambiental e às cidades sustentáveis..64
3.3. Os instrumentos da política urbana..65
3.4. Planejamento municipal..67
    3.4.1. Plano Diretor 67
    3.4.2. Zona Especial de Interesse Social..69
    3.4.3. Disciplina do parcelamento, do uso e da ocupação do solo 69
        3.4.3.1. Lei nº 6.766, de 19 de dezembro de 1979................70
    3.4.4. Gestão democrática da cidade 71
3.5. Institutos tributários e financeiros da política urbana...............74
    3.5.1. IPTU 74
    3.5.2. Contribuição de melhoria 75
    3.5.3. Incentivos e benefícios fiscais e financeiros......................75
3.6. Institutos jurídicos e políticos da política urbana.......................76
    3.6.1. Parcelamento, Edificação ou Utilização Compulsória............76
    3.6.2. O IPTU progressivo no tempo: noções elementares.................76
    3.6.3. Outorga Onerosa do Direito de Construir..............................78
    3.6.4. Regularização fundiária (Lei nº 13.465, de 11 de julho de 2017)..78

CAPÍTULO 4
DA PROPRIEDADE EM GERAL 81
4.1. O direito de propriedade 81
4.2. Conceito e natureza do direito de propriedade 82
4.3. A função social da propriedade 84
4.4. Eficácia e efetividade das normas constitucionais.....................86

CAPÍTULO 5
O DIREITO À MORADIA COMO DIREITO HUMANO FUNDAMENTAL E SUA RECEPÇÃO NO DIREITO CONSTITUCIONAL BRASILEIRO. 88
5.1. Notas sobre a Teoria Geral dos Direitos e garantias fundamentais e a Teoria do Estado 88
5.2. Evolução e positivação do direito à moradia como direito humano fundamental no Direito Constitucional Brasileiro................99

5.3. O princípio da dignidade humana e o direito fundamental à moradia 107
5.4. Programa Minha Casa, Minha Vida (PMCMV) – Lei nº 11.977, de 07 de julho de 2009 111

CAPÍTULO 6.
ESPÉCIES DE DESAPROPRIAÇÃO E DESAPROPRIAÇÃO PARA FINS URBANÍSTICOS 113
6.1. Espécies de desapropriação 113
6.2. Desapropriação para fins urbanísticos 115
6.3. A efetividade do princípio da função social da propriedade e a desapropriação para fins urbanísticos 118
    6.3.1. *Insights* a partir da análise da jurisprudência do STJ 118
    6.3.2. A efetividade do princípio da função social da propriedade segundo a análise da jurisprudência do STJ 119
    6.3.3. A efetividade do princípio da função social da propriedade segundo a análise da jurisprudência do TJPR 121

CAPÍTULO 7
A CUEM COMO INSTRUMENTO DE EFETIVAÇÃO DO DIREITO HUMANO FUNDAMENTAL À MORADIA 124
7.1. O Estatuto da Cidade e a CUEM como instrumento de política urbana 124
7.2. MP nº 2.220, de 04 de setembro de 2001 125
7.3. *Insights* a partir da análise da jurisprudência do STJ 130

CONSIDERAÇÕES FINAIS 138
POSFÁCIO 144
REFERÊNCIAS BIBLIOGRÁFICAS 149

CAPÍTULO 1.
DIREITO URBANÍSTICO

1.1. Os conceitos de Cidade e de Urbano

O Direito Urbanístico tem sua origem ligada ao próprio desenvolvimento das cidades. Como diria Silva (2018, p. 19), "trata-se de uma nova disciplina jurídica em franca evolução" e sua compreensão está estritamente ligada à compreensão de cidade, de urbanização.

Urbanização tem como origem a palavra *urbs*, do latim, que significa cidade. Ou, ainda, de *urbe*. Segundo o dicionário Oxford Languages, *urbe* é um substantivo feminino que se refere a aglomeração humana. Mas, conforme lição de Alves (2024), aglomeração humana é uma expressão insuficiente para se definir com precisão o que é urbanismo, pois se trata de uma expressão que pode ser facilmente confundida e associada também ao termo cidade.

Visando minimizar essa limitação, Lencioni (2008) propõe que a definição de cidade deve abarcar uma compreensão associada a outros termos inerentes ao conceito de cidade, quais sejam, aglomeração, sedentarismo, mercado e local de poder. Em sua valorosa e minuciosa análise sobre os conceitos de cidade e urbano, Lencioni lembra que foram as condições de aglomeração sedentária, acrescida da função de troca e da de administração pública que fizeram com que alguns povoados se desenvolvessem como cidades.

A partir dessas considerações, define cidade como "um aglomerado sedentário que se caracteriza pela presença do mercado e que possui uma administração pública" (Lencioni, 2008, p. 117). Já o Instituto Brasileiro de Geografia e Estatística (IBGE) define cidade como a localidade com o mesmo nome do município onde está sediada a respectiva Prefeitura, privilegiando o aspecto de cidade como local de poder, local este identificado e representado pela localização da sede municipal.

Alves (2024) esclarece que a análise da obra de José Afonso da Silva permite chegar a raciocínio semelhante, partindo da mesma lógica no sentido de valorizar a cidade como local de poder para considerar o conceito de cidade como "núcleo urbano qualificado por um conjunto de sistemas político-administrativo, econômico não agrícola, familiar e simbólico como sede do governo municipal, qualquer que seja sua população" (Silva, 2018, p. 26).

Em uma vertente teórica mais crítica, embora não situada no âmbito do Direito, mas, sim da Geografia e, em particular, dos estudos urbanos, Carlos (2021, p. 32) admite que a cidade pode ser entendida como produto e representação das relações sociais reais. A partir da consideração do conceito de espaço geográfico, a citada autora define cidade como

> o produto, num dado momento, do estado da sociedade, portanto, um produto histórico, resultado da atividade de uma série de gerações que através de seu trabalho tem agido sobre ele, modificando-o, transformando-o, humanizando-o, tornando-o um produto cada vez mais distanciado do meio natural.

Carlos (2021) vai afirmar, nessa perspectiva, que a cidade existe independentemente daquilo que nossa consciência possa pensar ou admitir acerca dela. Assim, entende que, apesar de construída na consciência do ser humano, a cidade não é fruto de uma abstração intelectual, de um esforço intelectivo, pois a cidade existe realmente fora do indivíduo, de maneira concreta, como um produto social real.

Com esse mesmo entendimento, Lencioni considera que não há uma relação de dependência entre a existência de um objeto e a existência de um conceito acerca desse objeto, pois os objetos existem independentemente de termos um conceito sobre eles, ou seja, a cidade existe mesmo sem termos uma definição clara acerca do que ela é, ou possa ser.

Por esse motivo, argumenta que

os fenômenos, os fatos, as coisas, os lugares, os objetos, os processos, as leis, enfim, tudo que é objeto do conhecimento se coloca na esfera do pensamento sobre o real, mas, a existência do real independe de pensarmos ou não sobre ele (Lencioni, 2008, p. 110).

Alguacil (2008) propõe uma definição mais ampla de cidade, quiçá até mais subjetiva, mas, de qualquer forma, abarcando uma definição que considera a territorialidade das relações no espaço, dos potenciais conflitos da sociedade dentro da cidade, das relações de poder inerentes. De tal modo, entende que

> a cidade é precisamente o lugar, porque é onde se produz a encruzilhada do encontro (a síntese) entre a diferença (variedade, heterogeneidade de sujeitos, culturas, pensamentos e atividades) e igualdade (no acesso aos recursos e nos direitos de cidadania), ou seja, a cidade é o lugar de convivência que se (re)produz recorrentemente ao se combinar com o conflito como um processo axiomático que permite avançar na satisfação das necessidades humanas, ainda que, claro, sempre em uma tensão entre a imperfeição desses pressupostos e as conquistas dos mesmos (Alguacil, 2008, p. 200).

Com o avanço das técnicas e das tecnologias, a estrutura e a ocupação das aglomerações humanas precisaram ser melhor compreendidas e teorizadas no meio científico, daí surgindo o urbanismo. Urbanismo e urbanização são dois termos diversamente utilizados na literatura que trata das questões urbanas, apresentando uma multiplicidade de acepções segundo cada campo do conhecimento. Em nosso entendimento, urbanização tem a ver com processo, com regionalização do espaço, tendo como finalidade compreender e administrar parcelas do espaço geográfico segundo determinados critérios (Alves, 2024).

Analisando a obra de Silva (2018), Alves (2024) afirma que o urbano emerge a partir da relação estreita com o rural. Portanto, urbanização é um termo utilizado para designar "o processo pelo qual a população urbana cresce em proporção superior à população rural" (Silva, 2018, p. 26).

Todavia, concepção essa muitas vezes estabelecida pela determinação do uso e da ocupação do solo que as administrações públicas municipais estabelecem na divisão de áreas do território municipal, prevendo e planejando, inclusive, novas ondas de crescimento e concentração urbana (Alves, 2024).

De fato, muitas vezes o urbano é claramente percebido como área consolidada, mas também pode ser entendido como área de expansão ou, ainda, como área de urbanização específica. Em quaisquer casos, porém, sempre em uma relação com o processo de produção do espaço, transformando as áreas rurais em urbanas, bem como o próprio urbano.

Já Beaujeu-Garnier, citada por Sposito (2017, p. 471), define urbanização como

> o movimento de desenvolvimento das cidades, simultaneamente em número e tamanho, isto é, o desenvolvimento numérico e espacial das cidades, ocupa-se de tudo que está ligado à progressão direta do fenômeno urbano e transforma, pouco a pouco, as cidades ou os arredores e, frequentemente, umas e outros.

Para aqueles defensores de uma perspectiva de urbanismo limitada ao direito, vale uma importante reflexão sobre a obra de Laubé (1992, p. 206), para quem o urbanismo, situando-se na relação entre sociedade e natureza (espaço),

> não é disciplina exclusiva do Direito, mas sim uma técnica *interdisciplinar*, visto que exige a participação de diversos setores científicos. Assim é que dele participam, conjuntamente, técnicos de diversos ramos do saber, como engenheiros, sociólogos, geógrafos, administradores, urbanistas, arquitetos e profissionais do Direito, entre outros.

Na perspectiva de Baltar (1957), citado por Meirelles (2021, p. 423),

> urbanismo é uma ciência, uma técnica e uma arte ao mesmo tempo, cujo objetivo é a organização do espaço urbano visando ao bem-estar coletivo – através de uma legislação, de um planejamento e da execução de obras públicas que permitam o desempenho harmônico e progressivo das funções urbanas elementares: habitação, trabalho, recreação, circulação no espaço urbano.

Como se percebe, a atividade urbanística consiste na intervenção do Poder Público com o objetivo de ordenar os espaços habitáveis, de modo que "só pode ser realizada pelo Poder Público, mediante intervenção na propriedade privada e na vida econômica e social das aglomerações urbanas" (Silva, 2018, p. 35).

Posto isso, resta evidente que a natureza da atividade urbanística guarda estreita relação com os instrumentos de política urbana previstos no Estatuto da Cidade, daí o motivo pelo qual tratamos nesta obra de desapropriação, de função social da propriedade, de dignidade humana, do direito à moradia, entre outros temas.

Em outra análise, destacamos a obra do arquiteto e urbanista Jaime Lerner, ex-governador do Estado do Paraná e Prefeito da Cidade de Curitiba. Na ocasião, citamos a obra do renomado urbanista, que dizia que muitas cidades hoje necessitam de uma acupuntura urbana, pois "deixaram de cuidar de sua identidade cultural" (Lerner, 2013, p. 13).

Nesse diapasão, destacamos a importância da cultura no processo de geração da identidade. Contudo, uma cultura que necessariamente guarda estreita relação com a capacidade do exercício do direito de propriedade ou, ainda, do direito de moradia. Nesse contexto, mencionamos que a propriedade exerce enorme importância para a construção da vida em sociedade, para a geração da identidade dos sujeitos e o desenvolvimento do senso de pertença a um lugar. Logo, cultura e identidade estão diretamente relacionadas às noções que perpassam o exercício do direito de propriedade e do direito de moradia (Alves, 2024).

Daí a importância da organização da produção e da transformação do espaço urbano, do uso e da ocupação do solo, do planejamento e da gestão de cidades, preocupações que recaem sobre as atribuições de profissionais de diversas áreas (p. ex., juristas, urbanistas, arquitetos, engenheiros, geógrafos, entre outros), revelando-se de particular interesse para o ramo do Direito Urbanístico.

1.2. Objeto do Direito Urbanístico

Na lição do Professor Toshio Mukai (2010), o objeto de estudo do Direito Urbanístico é a ordenação ou regulamentação das aglomerações humanas nos espaços urbanos a partir de normas jurídicas.

Já para Sotto (2020, p. 21), o Direito Urbanístico brasileiro pode ser definido como "o conjunto de normas jurídicas que se ocupam da disciplina jurídica dos espaços habitáveis".

Compreensão interessante é também aquela encontrada na obra de Maria Abdanur Santos (2020, p. 8), pois compreende o Direito Urbanístico para além da organização e estruturação dos espaços habitáveis, na medida em que tal concepção abarca "a proteção de áreas não habitáveis, visando primordialmente a melhoria da qualidade de vida humana".

Na perspectiva de Saule Júnior, em aula ministrada na Pontifícia Universidade Católica de São Paulo (PUC-SP), na disciplina *Advocacia Popular e Direito Urbanístico – Direito Humano às Cidades Sustentáveis*, o Direito Urbanístico é

> ramo do direito público que estuda os ordenamentos jurídicos urbanísticos que englobam princípios como o das funções sociais da cidade, da função social da propriedade, da promoção do direito às cidades sustentáveis, legislações urbanas de planejamento e de disciplinamento das formas de uso, ocupação, edificação e parcelamento do solo urbano, tais como o capítulo de política urbana da Constituição Federal, legislações nacionais como Estatuto das Cidades e o Estatuto das Metrópoles, Lei da Política Nacional de Mobilidade Urbana, Lei Federal do Parcelamento do Solo Urbano e as legislações municipais em especial os planos diretores, leis de uso e ocupação do solo, planos urbanísticos.

Nesse sentido, compartilhamos do ponto de vista de Silva (2018), que defende que o Direito Urbanístico pode ser compreendido de duas maneiras distintas, embora relacionadas, a saber: o Direito Urbanístico objetivo e o Direito Urbanístico enquanto ciência. Aquele consiste no conjunto de normas que têm por objetivo disciplinar a ordenação do território, ou seja, regular a atividade urbanística. Já este pode ser entendido como um conhecimento sistematizado das normas urbanísticas, como um ramo do direito público que tem por objetivo expor, interpretar, e sistematizar as normas e princípios disciplinadores de espaços habitáveis.

Para tanto, o Direito Urbanístico faz uso dos instrumentos de política urbana e institutos jurídicos que tratam de questões envolvendo a estrutura fundiária urbana, a propriedade urbana, a posse urbana, a usucapião urbana, a CUEM, o direito de construir, a desapropriação para fins urbanísticos, o direito de vizinhança, entre outros.

1.3. Domínio do Direito Urbanístico

Definir o domínio do Direito Urbanístico não é uma tarefa trivial. Na lição de Silva (2018, p. 39), "a questão do domínio científico de determinado ramo do direito visa a especificar sua divisão nos vários sub-ramos e subunidades normativas que o integram". E, no que concerne ao Direito Urbanístico, ainda é muito cedo para definir seu domínio, haja vista que seu caráter científico ainda está em processo de delineamento (Silva, 2018).

Sobre o tema, Alves (2024) argumenta que é possível considerar pelo menos duas correntes distintas. A primeira, que considera o Direito Urbanístico com um sub-ramo ou subárea do Direito Administrativo ou mesmo do Direito Econômico e Financeiro. Já a segunda situa-o como ramo autônomo do Direito, contendo normas específicas, conceitos e princípios próprios, como disciplina específica do Direito.

Ambas as correntes encontram guarida em um direito fundamental muito importante, o direito fundamental à propriedade, que cada vez mais se apresenta com um direito relativo, e não mais absoluto do particular, como outrora era considerado (Alves, 2014).

Libório e Saule Júnior (2017, p. 4) entendem que o Direito Urbanístico é

> [...] para a ciência do direito, o ramo do direito com interface com o direito público que sistematiza e organiza o conjunto de princípios e normas jurídicas voltadas à organização planejada do espaço urbano com a finalidade do bem-estar de seus habitantes. Para o direito objetivo, é o ramo do direito público que reúne, sistematicamente, todas as normas, atos e fatos jurídicos que visam à harmonização das funções do meio ambiente urbano, na busca pela qualidade de vida equilibrada e justa de todos os cidadãos.

Outra forma de buscar entendê-lo como sub-ramo de outros ramos clássicos do Direito é a partir do entendimento de que o Direito Urbanístico é composto por normas essencialmente complementares. Ou seja, que não possui unidade normativa, carecendo, portanto, de autonomia, como bem observa Maria Abdanur Santos (2020) em sua compreensão acerca da obra do administrativista Mukai (2010).

Saule Junior (1997, p. 82) argumenta que as normas de direito urbanístico "não podem ser compreendidas apenas como normas administrativas especiais referentes ao poder de polícia, impondo a disciplina físico-social dos espaços habitáveis". Na perspectiva do citado autor, a configuração dos princípios e institutos próprios que estão presentes no texto constitucional apontam para a necessidade de ser constituído um conjunto de princípios e normas próprias do Direito Urbanístico.

Saule Junior (1997, p. 85) afirma que a visão de Silva (2018) sobre o Direito Urbanístico como ramo autônomo do Direito é a de que ele não apresenta autonomia científica por não conter normas específicas desenvolvidas que regulem condutas ou relações conexas a um objeto específico, de modo que possamos caracterizá-lo como homogêneo do ponto de vista do sistema normativo que procura desenvolver.

Mukai (2010) entende que na definição do Direito Urbanístico como ramo específico do Direito há que se avaliar dois critérios fundamentais: o material e o substancial. O critério material se refere ao próprio objeto de estudo do Direito Urbanístico, ou seja, a ordenação ou regulamentação das aglomerações humanas nos espaços urbanos a partir de normas jurídicas, critério este que o autor entende como atendido.

Contudo, o critério substancial pressupõe a existência de uma unidade normativa, assim como possuem o Direito Civil, o Direito Penal, o Direito Militar, entre outros. Ocorre que, no entendimento de Mukai (2010) e de Maria Abdanur Santos (2020), entre outros autores brasileiros, o critério substancial não é atendido, o que ao menos em tese descaracterizaria o Direito Urbanístico como ramo autônomo.

Apesar de parcela importante da doutrina adotar essa posição no sentido de negar a existência de um ramo especializado no âmbito do direito público, é possível admitir certa coesão normativa, não necessariamente unidade. Tal coesão pode ser facilmente encontrada não apenas na Constituição Federal (CRFB/1988), no capítulo que trata da política urbana, mas também de forma conjugada da CRFB/1988 com a Lei nº 10.257, de 10 de julho de 2001 (denominada Estatuto da Cidade), com a Lei nº 13.465, de 2017, que trata da regularização fundiária; ainda, com a Medida Provisória (MP) nº 2.220/2001, que regulamenta a utilização do instituto da CUEM.

Quando se considera uma perspectiva mais abrangente e holística, o Direito Urbanístico pode ser considerado como ramo específico do Direito, dotado de certo grau de transversalidade e interdisciplinaridade. Nessa mesma toada, incontestável admitir a existência de inúmeras interseções analíticas do Direito Urbanístico com outras áreas do conhecimento, dentro e fora do próprio campo do Direito.

Em suma, é plausível admitir a existência do Direito Urbanístico enquanto um ramo específico do Direito, embora dotado de múltiplas normas que são oriundas de inúmeros outros ramos do Direito. Isso demonstra o caráter transversal, multidimensional e multidisciplinar deste ramo, e evidencia que a especificidade de seu objeto de estudo está atrelada de forma ampla à atividade urbanística.

Nesse contexto, é importante destacar que nem todas as normas que envolvem o pleno desenvolvimento das funções sociais da cidade, da propriedade urbana e do urbanismo de modo geral estão contidas apenas no Estatuto da Cidade. Como explica Alves (2024), apesar de fundamental para a análise do Direito Urbanístico, o Estatuto da Cidade não é capaz de concentrar em uma única legislação todo o conjunto de normas pertinentes ao tema.

Isso significa que muitas outras normas relacionadas ao Direito Urbanístico se encontram positivadas em outras legislações importantes, tais como, na Lei de Zoneamento Urbano, na Lei de Registros Públicos, nos códigos de normas dos Tribunais de Justiça, entre outras. Alves (2024) cita como exemplos as normas edilícias e as que concernem aos direitos de vizinhança, que estão dispostas no Código Civil, já aquelas dispostas na legislação municipal correspondente.

Apesar de não serem o grande foco das atenções na questão urbana, mais precisamente no planejamento das cidades, as relações de vizinhança podem ser muitas vezes complexas e conflituosas, por isso estão inseridas no contexto e nos problemas inerentes ao processo de urbanização, que reverberam na escala do cotidiano das pessoas que vivem nas cidades.

Em outro exemplo explorado por Alves (2024), destaca-se o disposto no art. 1.277 da Lei nº 10.406, de 2002 (Código Civil), relativo ao Direito de Vizinhança:

> Art. 1.277. O proprietário ou o possuidor de um prédio tem o direito de fazer cessar as interferências prejudiciais à segurança, ao sossego e à saúde dos que o habitam, provocadas pela utilização de propriedade vizinha.

Mais precisamente no cometimento de atos ilícitos, o art. 186 do mesmo *Codex* legal expressa: "Art. 186. Aquele que, por ação ou omissão voluntária, negligência ou imprudência, violar direito e causar dano a outrem, ainda que exclusivamente moral, comete ato ilícito".

A partir da análise de tais dispositivos legais e do cotidiano da vida nas cidades ou em aglomerados urbanos, conclui-se que não é incomum nos depararmos com situações envolvendo conflitos entre vizinhos, tais como na realização de obras ou reformas que geram danos, vazamentos ou infiltrações em outras unidades imobiliárias. Daí a imposição das normas impedindo construções ou reformas irregulares, que podem representar condutas expressamente reprováveis no tocante ao direito de construir, nos termos do art. 1.300 do Código Civil.

Da mesma forma, é correto afirmar também que muitas obras ou reformas realizadas por proprietários de residências ou comércios nas cidades não têm alvará para tal, de modo que muitas vezes quem promove a obra ou reforma corre o risco de ser o responsável por danificar não apenas sua propriedade, mas também a propriedade alheia.

Ainda no tocante ao direito de construir e sua relação com o direito à privacidade das pessoas, o art. 1.301 do Código Civil proíbe que o proprietário de um imóvel construa sua casa ou prédio de modo que uma ou mais janelas sejam construídas e abertas a menos de 1 metro e meio do terreno vizinho (Brasil, 2002).

Daí decorre o fato de que o domínio do Direito Urbanístico seguramente possui especificidades, mas que precisam ser pensadas de maneira relacional. No caso apresentado, fica evidente que o Direito de Vizinhança possui relação direta com as normas que envolvem a produção do espaço urbano de modo geral que, por sua vez, está emaranhada em amplas normas de Direito Civil, Urbanístico e Imobiliário.

Nesse mesmo contexto, Alves (2024, p. 13) analisa a dissertação de Mestrado defendida em 2019 pela excelentíssima Juíza de Direito Mônica de Carvalho junto à Universidade de São Paulo. Segundo a análise do autor sobre a obra em questão,

> a dissertação de mestrado desenvolvida pela excelentíssima juíza nos revela com muita propriedade como as relações jurídicas de vizinhança podem ser entendidas, de um lado, como um tema periférico no âmbito do direito urbanístico, obrigacional e real. Mas, por outro lado, podem vir a ser entendidas de maneira renovada, reconhecendo que o crescimento populacional e o modo de vida pautado pelas características de um habitat urbano nos aproximam cada vez mais dos nossos vizinhos.

Nesse ponto, é importante compreender que a visão de Carvalho (2019) exige que nossa convivência no meio urbano seja regulada de forma mais detalhada, objetivando muito mais "um enfoque no sentido de evitar lides do que solucioná-las, [...] buscando afirmações úteis para a solução de controvérsias" (Carvalho, 2019, p. 10).

Resta evidente, portanto, que a transformação do espaço urbano requer um olhar atento, multidisciplinar, multidimensional e multiescalar para o planejamento urbano, associado a ações concretas voltadas para o urbanismo sustentável, para a qualidade de vida das pessoas nas cidades. Ao mesmo tempo, requer a mitigação da lógica do confronto e, em seu lugar, promovida a ampliação da lógica negocial, da resolução pacífica dos conflitos.

1.4. O caráter interdisciplinar do Direito Urbanístico

Para compreendermos o caráter interdisciplinar do Direito Urbanístico, vamos utilizar como pano de fundo inicialmente a análise da obra de Villas Bôas e Motta (2022), realizada por Alves (2024).

Alves (2024) explica que, ao realizarem reflexões sobre o julgado do STJ (AgInt no Agravo no Recurso Especial nº 1.723.597-SP-2020/0162489-2), Villas Bôas e Motta (2022) ressaltam aquilo que denominam como função socioambiental da propriedade imobiliária urbana. A obra dos autores nos mostra claramente a interseção do Direito Urbanístico com outros ramos do Direito, tais como o Direito Tributário, Imobiliário e Ambiental.

Villas Bôas e Motta (2022) argumentam que a localização do imóvel em área de preservação ambiental *per se* não afasta a incidência do Imposto Predial e Territorial Urbano (IPTU), pois o fato gerador do referido imposto é a propriedade, o domínio útil ou a posse do imóvel, em zona urbana. Esse é o entendimento que se extrai do art. 32 do Código Tributário Nacional (CTN), a saber:

> Art. 32. O imposto, de competência dos Municípios, sobre a propriedade predial e territorial urbana tem como fato gerador a propriedade, o domínio útil ou a posse de bem imóvel por natureza ou por acessão física, como definido na lei civil, localizado na zona urbana do Município.

A análise da obra de Villas Bôas e Motta (2022), conduzida em Alves (2024), enfatiza, portanto, que o olhar curioso e aguçado para a localização do imóvel é fundamental para trazer à tona várias outras questões correlatas que dizem respeito ao Direito Urbanístico.

A partir do reconhecimento de que determinado problema relativo à propriedade urbana se situa no espaço geográfico, fica muito fácil perceber a importância do fator geográfico da localização para o Direito Urbanístico. No caso em tela, a incidência e a aplicação (ou não) do IPTU em área de preservação ambiental.

Resta evidente, portanto, o papel do Estado enquanto agente que produz o espaço urbano e regional, não só ao regulamentar a ocupação do espaço, definindo zonas urbanas e tipos de uso, mas também ao impor a obrigação àquele que ocupa território urbano.

Para além do papel do Estado, outros agentes importantes de produção e transformação do espaço urbano são os agentes imobiliários, que promovem essas transformações por meio dos negócios imobiliários. Mas, como os negócios imobiliários são também negócios jurídicos, eis que emerge a necessidade de segurança jurídica, na perspectiva de outro ramo especializado do Direito, qual seja, o Direito Imobiliário.

Todavia, o Direito Imobiliário envolve um emaranhado de outras normas, seja do Direito Urbanístico, do Direito Ambiental, do Direito de Família, do Direito das Sucessões, entre outras. Daí a riqueza, a importância e a interseção do Direito Urbanístico com vários outros ramos do conhecimento, dentro e fora do Direito.

Mas, o caráter de transversalidade e da interdisciplinaridade da disciplina de Direito Urbanístico não se limita apenas aos ramos dos Direitos Tributário, Imobiliário e Ambiental. Uma análise mais aprofundada irá nos revelar também a estreita relação do Direito Urbanístico com o Direito Civil, ou mesmo com o Direito Penal, tais como nos crimes ambientais ou, ainda, naqueles casos que envolvem a realização de loteamentos ou desmembramentos do solo para fins urbanos, sem autorização do órgão público competente, nos termos da Lei nº 6.766, de 19 de dezembro de 1979.

1.5. Algumas reflexões de ordem metodológica: a noção de paradigma e a pesquisa de jurisprudência como paradigma emergente no Direito

Um dos objetivos definidos nesta obra consiste em investigar como o Poder Judiciário tem decidido sobre as questões envolvendo o direito à propriedade à luz da efetividade do princípio da função social da propriedade. Nesse diapasão, objetiva-se identificar aqueles processos que resultam, ou possam resultar, no procedimento de desapropriação para fins urbanísticos. Ainda, outra análise importante se refere à hipótese de efetivação da CUEM como instrumento de política urbana, na medida em que a efetivação da CUEM seria produto e representação da própria efetivação do direito à moradia e do princípio da dignidade humana.

Ocorre que, antes de tratarmos da hipótese de efetividade do princípio da função social da propriedade e sua relação com a desapropriação para fins urbanísticos e da efetivação do direito à moradia a partir do olhar para a CUEM, é necessário trazer ao leitor alguns esclarecimentos de ordem metodológica, tarefa que realizaremos agora, antes mesmo de analisarmos as espécies de desapropriação e, particularmente, a desapropriação para fins urbanísticos. Para tanto, precisamos tratar de ciência, de paradigmas em ciência e de como esta obra abarca a pesquisa de jurisprudência como paradigma emergente no Direito.

Toda ciência é influenciada por paradigmas. Certos paradigmas permanecem por muitos anos, determinando não apenas o tipo de ciência que se faz, mas também influenciando pela percepção que os indivíduos ou as sociedades têm e constroem, em todos os lugares, acerca dos eventos e das transformações que impactam em suas vidas cotidianas.

Atualmente, como bem ressalta Wolkmer (2015), os diferentes campos das ciências humanas enfrentam uma certa dificuldade em encontrar um novo parâmetro de verdade. As verdades que mantiveram ao longo dos séculos as formas de saber e racionalidade parecem não conseguir mais responder às inquietações e aos problemas da atualidade, estimulando o surgimento de novos paradigmas.

A tarefa da lógica da pesquisa científica é, nos termos de Popper (2013, p.27), "proporcionar uma análise lógica de procedimento, ou seja, analisar o método das ciências empíricas". Nesse contexto, Cunha e Silva (2013) argumentam que a pesquisa em Direito no Brasil parece ter se especializado na norma como "dever ser", deixando um pouco de lado o conhecimento da norma como "ser", ou seja, como o direito acontece na realidade.

Lehfeld, Lépore e Ferreira (2015, p. 94) reiteram que, a partir da jurisprudência, os votos dos magistrados "proporcionam à pesquisa ampla fundamentação jurídica balizada no direito vivo, aplicado, e repensado em razão da complexidade e particularidade dos casos".

Não fosse assim, os efeitos da aplicação do direito e os meandros pelos quais a norma passa até chegar a sua efetivação em sociedade seriam ignorados, daí a importância de se compreender a jurisprudência como técnica instrumental de trabalho na ciência jurídica.

Diante desse contexto, este trabalho se apropria da pesquisa de jurisprudência como paradigma emergente no Direito e faz uso desta como técnica instrumental de trabalho. Defender o argumento da pesquisa de jurisprudência como paradigma emergente no Direito nos provoca a realizar uma leitura atenta à obra de Thomas Kuhn.

Kuhn (1987, p. 13) define paradigma da seguinte forma: "considero paradigmas as realizações científicas universalmente reconhecidas que, durante algum tempo, fornecem problemas e soluções modelares para uma comunidade de praticantes de uma ciência".

Segundo o citado autor, em sua obra-prima intitulada *A estrutura das revoluções científicas*, publicada pela primeira vez em 1962,

> os paradigmas adquirem seu status porque são mais bem-sucedidos que seus competidores na resolução de alguns problemas

> que o grupo de cientistas reconhece como graves. Contudo, ser bem-sucedido não significa nem ser totalmente bem-sucedido com um único problema, nem notavelmente bem-sucedido com um grande número. De início, o sucesso de um paradigma. [...] é, em grande parte, uma promessa de sucesso que pode ser descoberta em exemplos selecionados e ainda incompletos (Kuhn, 1987, p. 44).

Na visão de Kuhn (1987, p. 45), a ciência normal consiste na atualização dessa promessa,

> atualização que se obtém ampliando-se o conhecimento daqueles fatos que o paradigma apresenta como particularmente relevantes, aumentando-se a correlação entre esses fatos e as predições do paradigma e articulando-se ainda mais o próprio paradigma.

Um paradigma se torna amplamente difundido e aceito quando suas teorias, seus conceitos e seus métodos oferecem respostas adequadas aos problemas da humanidade e da própria ciência. Existem paradigmas adequados para solucionar problemas específicos.

Contudo, à medida que a realidade muda, os problemas também mudam, e novas questões precisam ser respondidas. É aqui que o paradigma pode, ou não, tornar-se incapaz de fornecer respostas adequadas e com o mesmo rigor científico ao longo de períodos relativamente amplos.

Nesse processo, os pesquisadores ou mesmo a sociedade como um todo podem ser acometidos pelo efeito paradigma. O efeito paradigma significa a repercussão do paradigma em nosso pensamento e em nossa forma de agir diante dos problemas e das situações que se apresentam em nosso cotidiano.

Quando se entende que tal paradigma pode nos auxiliar na busca de respostas para as questões que nos desafiam, então seguimos e escolhemos tal paradigma e o consideramos como adequado ou correto. Porém, se dado paradigma não se adéqua ao modo de pensar e agir de determinados indivíduos, então estes devem considerar a possibilidade de promover mudanças.

A mudança de paradigma é um processo que não deve passar despercebido pelo olhar do pesquisador, do cidadão, do intelectual, das instituições, dos governos, das empresas etc. Na mudança de paradigma, é necessário refletir criteriosamente acerca daquilo que se pretende reconhecer, incorporar e adaptar em relação ao novo, ou seja, é necessário reavaliar nossa forma de pensar e agir diante do novo paradigma. Se o paradigma atual não é mais capaz de fornecer respostas às questões propostas, então é necessário considerar a possibilidade de realizar uma mudança de paradigma.

Nesse sentido, Queiroz e Feferbaum (2023) argumentam que o trabalho com decisões judiciais e administrativas terminou por ocupar parte importante do cotidiano dos profissionais do Direito nas últimas décadas. Na medida em que os juízes dos tribunais passaram a valorar cada vez mais o peso decisório da jurisprudência, expressando tal valoração em suas proferidas decisões, a pesquisa de jurisprudência foi se consolidando como técnica instrumental de trabalho.

Para Queiroz e Feferbaum (2023, p. 95), a pesquisa de jurisprudência compartilha as seguintes características: "trata-se de uma investigação científica, orientada por metodologia especialmente construída para endereçar perguntas que possam ser respondidas por meio de análise de julgados".

As pesquisas de jurisprudência têm como foco a análise criteriosa de julgados. O conceito de julgado é entendido aqui como "qualquer decisão tomada por autoridade competente que, interpretando o Direito, emite um comando na tentativa de resolver o caso concreto que lhe é apresentado" (Queiroz; Feferbaum, 2023, p. 95).

De tal modo, com menor ou maior rigor e sofisticação analítica, análises de jurisprudência sempre estiveram presentes na produção jurídica brasileira. Porém, a partir da década de 1990, como bem destacam Queiroz e Feferbaum (2023), a pesquisa de jurisprudência ganhou enorme destaque, tornando-se, conforme é possível admitir a partir de uma reflexão Kuhniana acerca das revoluções científicas, um paradigma emergente.

A razão para a emergência desse paradigma se deve pelo menos a três fatores distintos, embora relacionados. O primeiro, e talvez mais notório, pode ser atribuído ao avanço tecnológico da internet, que permitiu que os acórdãos dos tribunais estaduais, federais e superiores pudessem ser facilmente consultados pelos pesquisadores (Lehfeld; Lépore; Ferreira, 2015).

CAPÍTULO 1

O segundo, a um certo ativismo judicial e o recente papel ocupado pelo Supremo Tribunal Federal (STF) nas principais decisões que movimentaram o cenário político do país, movimentos esses que se referem ao que Queiroz e Feferbaum (2023) chamam de jogo da governabilidade. E, terceiro, a já consolidada agenda de pesquisa de jurisprudência na academia jurídica e ciência brasileira. Isto posto, passemos a analisar a partir de agora a perspectiva da pesquisa de jurisprudência como técnica instrumental de trabalho.

Conforme vimos, inegável a relevância da pesquisa de jurisprudência como técnica instrumental de trabalho. Nesse sentido, importante também tratar de suas principais características, bem como dos conceitos inerentes a esse instrumental.

À guisa de aplicação, utilizamos a pesquisa de jurisprudência como técnica instrumental de trabalho na análise dos Capítulos 6 e 7, que tratam, respectivamente, da desapropriação para fins urbanísticos e da hipótese de efetivação da CUEM como instrumento de política urbana.

Considerando as abordagens distintas, a pesquisa envolvida na produção desta obra pode ser considerada mista ou qualiquantitativa, haja vista a utilização de pesquisa bibliográfica e documental de forma associada a análises jurisprudenciais.

Assim, a análise se limitou a investigar o tratamento do TJPR e do STJ no que concerne aos problemas em tela. Essa investigação se deu a partir da escolha de descritores que foram selecionados e inseridos na pesquisa livre disponibilizada no *site* do TJPR e do STJ.

A justificativa para a escolha do TJPR se deve ao fato de que esta é a jurisdição que analisa e julga os casos empíricos que tratam dos conflitos sobre a terra, a propriedade urbana e a moradia no Estado do Paraná e, em particular, na cidade de Curitiba, recorte mais delimitado da análise. Essa escolha é particularmente importante na medida em que busca capturar e retratar, a partir de um recorte específico, a manifestação do fenômeno em um dado momento e espaço.

CAPÍTULO 2.
DIREITO URBANÍSTICO BRASILEIRO, URBANIZAÇÃO BRASILEIRA E O DIREITO FUNDAMENTAL À MORADIA

2.1. Urbanização brasileira e as implicações para a efetivação do direito humano fundamental à moradia

Periodicamente a Divisão de População do Departamento de Assuntos Econômicos e Sociais da Secretaria das Nações Unidas publica dados sobre a população mundial. De acordo com os dados do relatório de Revisão de 2022 sobre as perspectivas de Urbanização Mundial (Figura 2.1), estima-se que entre 2050 e 2060 a população mundial será de aproximadamente 8,7 bilhões, destes, cerca de 70% da população mundial viverá em áreas urbanas e 30% em áreas rurais, conforme já sinalizavam os relatórios de 2014 e de 2018 (ONU, 2015; 2022).

Figura 2.1: População mundial, 1950-2022 e cenários para 2022-2100

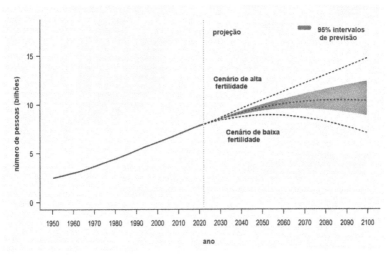

Fonte: Organização das Nações Unidas (ONU) (2015, p. 7; 2022, p. 30).

Entre 1950 e 2050 é bastante expressiva a trajetória de aumento da população vivendo ou que viverá em áreas urbanas nas próximas décadas. O relatório afirma que até 2006 a maioria da população mundial vivia em áreas rurais, a inversão ocorreu em 2007 (ONU, 2015). A partir dos intervalos de baixa e alta fertilidades, a estimativa apresentada no relatório de 2022 é de que a população mundial será de aproximadamente 10,4 bilhões, em 2100.

Isso não apenas implica admitirmos que a demanda por serviços públicos nas cidades tende a aumentar consideravelmente nas próximas décadas, mas também justifica a necessidade de se analisar e propor soluções e respostas às questões que envolvem a implementação e a execução das políticas públicas, a prestação de serviços públicos e a efetivação de direitos humanos fundamentais que são afetados pelo processo acelerado, concentrado e desordenado de urbanização em cidades de todo o mundo.

No Brasil, esse processo apresenta profundas diferenças regionais, revelando a "complexa organização territorial e urbana" presente no país (Santos, 2013, p. 63). A Tabela 2.1 a seguir nos mostra o processo acelerado de urbanização das cidades brasileiras entre os anos de 1940 e 2010.

Tabela 2.1: O processo de urbanização brasileira

PERÍODO	TOTAL	URBANA	GRAU DE URBANIZAÇÃO	INCREMENTO	INCREMENTO RELATIVO
1940	41.236.315	12.880.182	31.24	–	–
1950	51.944.397	18.782.891	36.16	590.271	3,98%
1960	69.930.293	31.214.700	44.64	1.243.181	8,39%
1970	93.139.037	52.084.984	55.92	2.087.144	14,08%
1980	119.502.716	80.436.419	67.31	2.835.144	19,13%
1991	146.825.475	110.990.990	75.59	2.777.688	18,74%
2000	169.544.443	137.697.439	81.22	2.967.383	20,02%
2010	190.755.799	160.925.792	84.36	2.322.835	15,67%

Fonte: IBGE, Censos demográficos 1940, 1950, 1960, 1970, 1980, 1990, 2000 e 2010.

Conforme se argumenta no âmbito desta obra, essa complexa organização territorial tem como causa o acelerado, concentrado e desordenado processo de urbanização brasileira (Santos, 2013). Como resultado, esse processo implicou a necessidade de olharmos atentamente para os problemas ambientais, as vulnerabilidades sociais e as questões fundamentais que gravitam em torno da efetivação de direitos humanos fundamentais, dentre eles, o direito à moradia.

Esse olhar pode focar em um recorte temporal que abrange a abolição da escravatura e seus desdobramentos, de meados do século XIX até o surgimento da Lei Áurea, em 1888, e suas consequências na produção do espaço urbano. Alternativamente, é possível perceber o processo concentrado e desordenado de urbanização brasileira no período anterior ao regime militar, como em Bonduki (2017), durante a transição para um país urbano. Mais recentemente, a partir da promulgação da Constituição cidadã de 1988 e do surgimento dos disruptivos instrumentos de política urbana trazidos pelo Estatuto da Cidade.

A partir da leitura da obra de Lehfeld (1988), Martins (2023) destaca, por exemplo, que o impedimento de os escravos se tornarem camponeses pela Lei de Terras de 1850 impulsionou os escravos a saírem das fazendas e das senzalas para ocuparem áreas íngremes ou morros, de modo que a Lei de Terras de 1850 estimulou o surgimento das favelas no Brasil.

Inegável considerar ainda no contexto de urbanização brasileira a influência do êxodo rural e da atração da atividade manufatureira, concentrada sobretudo no centro-sul do país e, principalmente, no processo de estruturação do Multicomplexo Territorial Industrial Paulista (Selingardi-Sampaio, 2009).

Mas, conforme fora sinalizado, esse processo não se limitou ao território paulistano, ele também se manifestou, em menor ou maior grau, em diversas outras cidades brasileiras. E, de tal modo, vem acarretando diversos problemas na escala urbana, impondo aos municípios brasileiros a obrigação de adotar ações e instrumentos alinhados com a política de desenvolvimento urbano, instituída na CRFB/1988.

Dentre esses problemas é possível destacar o enorme déficit habitacional. Segundo o relatório da Fundação João Pinheiro (2021, p. 14), "o déficit habitacional estimado para o Brasil, em 2016, foi da ordem de 5,657 milhões de domicílios, dos quais 4,849 milhões estão localizados em área urbana e 808 mil em área rural".

Ainda, destaca-se o crescimento de aglomerados subnormais no Brasil. Mais comumente conhecidas como favelas, ou núcleos urbanos informais, os aglomerados subnormais nos revelam o tamanho do desafio a ser enfrentado para se efetivar o direito humano fundamental à moradia no país. A propósito, tamanhos são o desafio e a tarefa de identificar e mensurar a quantidade de pessoas vivendo em aglomerados subnormais, que, em 2022, o IBGE passou em recensear as populações nessas localidades.

Na definição do IBGE, os aglomerados subnormais são as "ocupações irregulares de terrenos para fins de habitação em áreas urbanas e que, em geral, são caracterizados por um padrão urbanístico irregular, carência de serviços públicos básicos e localização em áreas restritas à ocupação" (IBGE, 2022).

Na cidade de Curitiba, por exemplo, o censo de 2010 revelou que 162.679 pessoas estavam vivendo em aglomerados subnormais. A maioria dos moradores das favelas é de mulheres (IBGE, 2023).

Há também ocupações em áreas de preservação permanente, bem como ações de reintegração de posse e a problemática de realocação dos ocupantes nos casos em que essa reintegração ocorre, cabendo muitas vezes ao Ministério Público atuar em determinadas situações que são de sua competência.

Oportuno o registro aqui de um dos recentes casos ocorridos na Ocupação Povo sem Medo, no bairro Campo do Santana. No dia 10 de janeiro de 2023 foi autorizado o cumprimento da ordem judicial, e a defensoria pública do Estado do Paraná acompanhou a desocupação. O temor de ações como essa é de que a solução para os embates na cidade tenha cada vez mais como solução a polícia, e não política, como diria Rolnik (2017).

Para muitos curitibanos, paranaenses e brasileiros, essa é uma realidade que muitas vezes passa a ser despercebida entre os conflitos que envolvem a produção do espaço no território curitibano. Alguns poderiam afirmar: "nossa, eu pensava que isso só existisse em São Paulo e no Rio de Janeiro!"

De fato, Rolnik (2017) nos mostra que esses conflitos estão muito presentes em São Paulo, onde casos de reintegração de posse resultam em famílias desabrigadas, pessoas feridas, detenções e mortes. Obviamente, também ocorrem no Rio de Janeiro, como bem analisam as obras de Batista (2003), Alves (2018) e Coelho e Cunha (2020), que nos revelam que, para além do medo, da violência e da segregação socioespacial, a periculosidade, as prisões e o encarceramento têm cor.

Ocorre que os problemas urbanos relacionados a moradia, violência e vulnerabilidades também estão presentes na capital do Paraná, de modo que as questões de moradia e a desocupação forçada de famílias é uma realidade que afeta a vida de pessoas no território curitibano.

É notório que a visão predominante é a da Curitiba *Smart City*, da cidade ecológica, da cidade educadora, da cidade modelo no transporte público. Não por acaso, é inegável que Curitiba é uma cidade, poderíamos admitir, fora da curva. É uma cidade que, de fato, possui muitos atributos de uma cidade que educa e transforma, de uma cidade conectada com o global e, na escala local, faz uso da tecnologia visando o acesso dos cidadãos ao exercício da cidadania e a melhoria da qualidade de vida dos cidadãos da cidade. Mas, apesar disso, é também uma cidade que não escapa dos problemas que afetam outras cidades brasileiras, como a fome, a violência, a escassez de moradia, entre outros.

O grande temor em ações realizadas pelo poder público nessas áreas é a de que as famílias não sejam realocadas adequadamente, e em alguns casos até mesmo adolescentes sendo separados de suas mães, ou seja, de suas famílias. A pedido do Ministério Público do Estado do Paraná (MPPR), a justiça determinou que a reintegração de posse deveria ser precedida da apresentação de um plano prévio de remoção e assentamento das famílias.

A remoção ou reassentamento das famílias de um lugar para outro nos chama atenção para outra questão que guarda estreita relação com o direito à moradia, a questão que envolve as condições necessárias para a efetivação de outro direito fundamental igualmente importante, o direito à educação.

Além da questão da moradia, a remoção de crianças e jovens afeta a relação destas com a construção de um lugar, de uma identidade e a própria efetivação do direito à cidade. O trabalho de Fonseca (2019) nos mostra que nesse processo de remoções-reassentamento as crianças são as mais prejudicadas, expostas a doenças, situações de medo, vulnerabilidade e de negação de direitos.

Para além dessas constatações, importante ter em mente que o direito à moradia está atrelado à possibilidade do exercício de outros direitos fundamentais, tais como a saúde e a educação, conforme destacamos na obra de Fonseca (2019), mas também possui sérias implicações no tocante ao direito à segurança e ao combate à especulação imobiliária.

Não por acaso, o assassinato da vereadora Marielle Franco é emblemático na questão da luta pela moradia. Morta a tiros na região central do Rio de Janeiro, em 2018, a luta de Marielle era também para combater a militarização do território, o chamado "urbanismo militar e empresarial" (Valente, 2017) ou, ainda, o "urbanismo miliciano", como discutido em Barbosa Filho (2021).

Segundo Serra e Souza (2023, p. 360),

> a crescente participação das milícias na construção da ordem/desordem social vem sendo notada pelos pesquisadores como uma articulação perversa entre grupos de extermínio e prestação de serviços compulsórios às comunidades.

Assim, o urbanismo organizado pelas milícias teria como premissa fundamental a ausência do Estado nas questões envolvendo as necessidades habitacionais da população.

Para além das questões de segurança, de políticas públicas e das políticas habitacionais, em particular, o mercado imobiliário é outro fator importante no processo de urbanização acelerada e desordenada, e de produção e transformação do espaço urbano e regional.

Ainda, conforme argumenta Alves (2024), o número de imóveis urbanos utilizados para fins de moradia social ou de acomodação das pessoas mais pobres e vulneráveis nas cidades brasileiras é praticamente insignificante. Contudo, diversos imóveis nas regiões centrais e mesmo periféricas das grandes cidades encontram-se desocupados, subutilizados ou mesmo sem função alguma.

Essa realidade brasileira, que envolve as políticas públicas habitacionais, a efetivação do princípio da dignidade humana e o da função social da propriedade urbana deverá constar cada vez mais da pauta dos gestores, das administrações públicas, do Judiciário, do Legislativo, dos pesquisadores, da sociedade civil organizada, entre outros.

De tal modo, associado ao direito de propriedade e às discussões em torno de sua função social, a questão da moradia se insere no amplo debate acerca da gestão participativa e do direito à cidade (Alves; Castanheira, 2021).

Portanto, como se pode observar, as respostas para os problemas urbanos requerem uma visão holística e sistêmica de sociedade e do Direito, na medida em que cada agente se apropria da cidade e, a partir dessa relação, a transforma, transformando a si mesmo e à sociedade dialeticamente. Assim, governo, família, igreja, empresas, entre outros, todos têm um papel a desempenhar em prol da garantia da ordem urbana e social.

Nessa perspectiva, mas apropriando-se da epistemologia marxista, corrobora-se com a visão de Harvey (2008, p. 23), na medida em que,

> a questão de que tipo de cidade queremos não pode ser divorciada do tipo de laços sociais, relação com a natureza, estilos de vida, tecnologias e valores estéticos que desejamos. O direito à cidade está muito longe da liberdade individual de acesso a recursos urbanos: é o direito de mudar a nós mesmos pela mudança da cidade. Além disso, é um direito comum antes de individual já que esta transformação depende inevitavelmente do exercício de um poder coletivo de moldar o processo de urbanização. A liberdade de construir e reconstruir a cidade e a nós mesmos é,

como procuro argumentar, um dos mais preciosos e negligenciados direitos humanos.

Na escala do município, a municipalidade também é importante agente na implementação de políticas públicas, que tem como objetivo a redução das desigualdades, o acesso dos cidadãos, sobretudo das populações mais vulneráveis, aos direitos sociais e, de maneira abrangente, ao direito à cidade – entendido aqui como um aglutinador de diversas dimensões de direitos humanos e fundamentais (Bodnar; Albino, 2020).

Sobre o conceito de cidade nesse contexto, podemos defini-la precisamente como "o lugar onde se produz a encruzilhada do encontro (a síntese) entre a diferença (variedade, heterogeneidade de sujeitos, culturas, pensamentos e atividades) e a igualdade (no acesso aos recursos e nos direitos de cidadania)" (Alguacil, 2008, p. 200).

Em outras palavras, a cidade é o lugar de convivência, que se (re) produz como um processo axiomático, que permite avançar na satisfação das necessidades humanas, ainda que, obviamente, sempre em uma tensão entre a imperfeição desses pressupostos e as conquistas dos mesmos (Alguacil, 2008).

Obviamente, o conceito de cidade permite inúmeras acepções, intencionalidades, opções. Mas, como diria Lencioni (2008), o conceito não existe sem uma definição. Não por acaso, a definição ou escolha de um conceito é uma forma de manifestação da ação prática ou, ainda, sua inserção dentro de um dado contexto pode ser entendida como um discurso, que é, por sua vez, elemento da ação prática (Alves, 2022).

Em Curitiba, cidade selecionada como recorte espacial mais empírico para nossa análise, é possível identificar vários problemas que permitem uma investigação mais aprofundada acerca do papel exercido pela municipalidade, pelas organizações da sociedade civil — como a Central Única das Favelas (CUFA) —, pelo Ministério Público, por advogados, pesquisadores das instituições de Ensino Superior, entre outros, na efetivação do direito à moradia.

A partir dessa perspectiva, vislumbram-se formas alternativas de participação na gestão das cidades, nos moldes de uma democracia participativa e deliberativa, como discutidas em Habermas (2018), Cohen (1989), onde a democracia não se efetiva apenas pela pressão sobre o acesso a informação, militância em partido, pelo voto etc. Mas, sim, como bem exploram Knebel, Fornasier e Borges (2023), por meio da discussão, do debate, do contraponto, das diferenças, da reflexão sobre ideias e interesses distintos, da participação efetiva nas decisões políticas, na produção do espaço urbano, na gestão de cidades e na efetivação do direito à cidade.

De tal modo, deparamo-nos com propostas não hegemônicas de participação, conforme apresenta Santos (2002). Importante recordar neste ponto que as propostas hegemônicas estão associadas à representação via participação e atuação dos partidos políticos.

Contudo, a partir de formas alternativas de participação, caminha-se no sentido de permitir maior controle do Estado pela sociedade, de modo que seria possível fazer a defesa de uma socialização do Estado ou da estadualização da sociedade (Novais, 2006).

Nesse sentido, a pesquisa de certa forma situa-se dentro da perspectiva da Teoria Crítica e/ou da Teoria Crítica do Direito, representada na obra de autores como David Harvey, Milton Santos, Erminia Maricato, Edésio Fernandes, Antônio Carlos Wolkmer, Boaventura de Sousa Santos, entre outros.

Voltando para a questão do agir local dentro de uma perspectiva ampla de democracia, é importante destacar que, apesar do enorme esforço realizado pela municipalidade de Curitiba, encontrar um equilíbrio envolvendo as demandas oriundas do desordenado e acelerado crescimento da cidade e a efetivação do direito à moradia é um desafio gigantesco enfrentado no âmbito do planejamento e da gestão da cidade, que, por sua vez, afeta diretamente a efetivação da gestão democrática e, consequentemente, do direito à cidade.

Atingir tal ponto de equilíbrio requer um enorme esforço a ser empregado pelos municípios, assegurando o exercício das funções essenciais à justiça em cada território, na perspectiva da tripartição dos poderes, como bem analisa Araújo (2021).

Entender as funções essenciais da justiça a partir da noção de tripartição e poderes nos permite ter uma visão mais ampla acerca do papel, das obrigações de cada poder na efetivação, direta ou indiretamente, do direito à moradia.

Isso é particularmente importante quando se consideram as atribuições do Poder Legislativo municipal, para criar as leis envolvendo o ordenamento do território, o uso e a ocupação do solo, o zoneamento urbano, entre outras. Da mesma forma o Poder Executivo, no que se refere à prestação de serviços públicos, ao planejamento e à execução da política pública. E o Judiciário, na medida em que deve fazer o controle da lei criada, manifestar-se no tocante à adequação da lei no cumprimento de tal política pública e de promover o acesso à justiça.

Para Santos (1986, p. 18), a questão do acesso à justiça "é aquele que mais diretamente equaciona as relações entre o processo civil e a justiça social, entre igualdade jurídico-formal e desigualdade socioeconômica". De acordo com Santos (1986, p. 18), a questão do acesso à justiça não é um problema novo, pois

> no princípio do século XX [...] foram frequentes as denúncias de discrepância entre a procura e a oferta da justiça e foram várias as tentativas para a minimizar, quer por parte do Estado [...] quer por parte dos interesses organizados das classes sociais mais débeis [...]. Foi, no entanto, no pós-guerra que esta questão explodiu.

Portanto, pensar na questão da moradia significa pensar sob a perspectiva da divisão de responsabilidades, da divisão de poderes na efetivação do direito à moradia e, consequentemente, do direito à cidade.

A partir desse ponto de vista, parece-nos claro que efetivar o direito à moradia no século XXI requer uma visita ao passado, para reconhecermos os avanços obtidos pela própria organização das estruturas de Estado, a especialidade e a territorialidade de cada poder, bem como das lutas sociais travadas nos territórios. Da mesma forma, em pleno século XXI, requer ainda uma visão holística, multidisciplinar e transversal dos processos que envolvem a cidade e a efetivação dos direitos que nela podem ser exercidos.

Nesse contexto, é importante destacar que as dificuldades para a implementação dos instrumentos contidos no Estatuto da Cidade é um tema que tem chamado a atenção dos especialistas no tocante à questão urbana ou, ainda, do chamado direito à cidade, haja vista que os motivos pelos quais existem tantas dificuldades podem ter origens e interesses distintos. Na seção seguinte trataremos de discorrer sobre essa questão a partir dos trabalhos de Rolnik (2017), Maricato (2014), Fernandes (2001), Harvey (2005), entre outros.

2.2. Os desafios enfrentados no processo de implementação da política urbana no Brasil

Apesar da eficácia dos instrumentos de política urbana, sua efetivação no território brasileiro ainda é um desafio enorme a ser enfrentado pelos diversos entes federativos. Maricato (2014), analisando o contexto da cidade de São Paulo, nos mostra que olhar para a cidade informal, para a cidade que não tem acesso à moradia formal ou serviços básicos de infraestrutura ou, ainda, para a cidade ocupada pelos pobres, não é um exercício comumente praticado pelas administrações públicas.

Segundo Maricato, a realidade nos mostra que a atenção do governo municipal aos "informais" surge apenas em determinados momentos, "quando uma tragédia (enchentes, desmoronamentos, incêndios em favelas) faz vítimas e a cidade informal teima em aparecer pelas costuras do tecido que pretende ocultá-la" (Maricato, 2014, p. 32).

Sem dúvida, ignorar ou omitir a realidade que se apresenta na cidade informal ainda é um dos motivos que tornam determinadas áreas invisíveis para a utilização dos instrumentos de política urbana em várias cidades do país, necessitando que as populações envolvidas e os movimentos sociais de luta pela moradia exerçam seu papel junto aos governos, procurando mostrar, dar maior visibilidade para seus problemas, buscando integrar tais áreas na gestão de cidades, nas trajetórias de desenvolvimento em que outras áreas da cidades estão inseridas.

Maricato ressalta que as boas iniciativas que emergem no seio da própria administração pública, a partir do trabalho de pessoas engajadas, de servidores, inclusive, muitas vezes são iniciativas que encontram muita resistência dentro das estruturas de poder consolidadas nos territórios, do poder econômico, do capital imobiliário, do poder hegemônico das elites.

Mas, ainda que esse seja o caso, essas resistências também encontram uma força na direção oposta, qual seja, a força dos movimentos de luta pela moradia, que funcionam como uma "forte alavanca impulsionadora" (Maricato, 2014, p. 32).

CAPÍTULO 2

Apesar das conquistas obtidas no início do século XXI, Maricato explica que os esforços realizados pelo Ministério das Cidades, desde sua criação em 2003, parecem ter perdido fôlego. De tal modo, afirma: "a evidência insofismável é de que as cidades continuam piorando e a questão fundiária [...] não avançou de forma significativa" (Maricato, 2014, p. 38). Segundo a autora, isso se deve, ao menos em parte, às limitações políticas e jurídicas que o governo federal teve com o intuito de implementar a política urbana no país.

No tocante à CUEM e outros instrumentos de política urbana, os avanços praticamente inexistiram. Maricato (2014) discorre sobre essa questão afirmando que "o ideário da reforma urbana [...] que tem o direito à cidade como questão central [...] parece ter se evaporado". As causas para esse relativo fracasso podem ser identificadas na própria transição por que o capitalismo brasileiro vem passando desde o final do século XX e início do século XXI.

No então governo de Fernando Henrique Cardoso (1995-2003), vale lembrar, quando foi editada a MP nº 2.220, de 2001, que trata da CUEM, houve a difusão de um movimento neoliberal, alavancando a privatização e a desregulação em setores estratégicos como telefonia e mineração (Maricato, 2014).

No primeiro governo Lula, já com a vigência do Estatuto da Cidade, essa lógica não foi invertida, de modo que o governo não rompeu a orientação herdada do governo de FHC. Isso trouxe sérias implicações para a execução de políticas públicas ligadas à moradia no início do século XX e, mais precisamente, para o cumprimento do Plano Plurianual, que poderia ser considerado como letra morta diante do contexto.

Maricato aponta ainda outros fatores que foram determinantes que limitaram a efetivação dos instrumentos de política urbana a partir de um projeto e uma governança nacionais. Um deles se refere à competência sobre as questões que envolvem uso e ocupação do solo nas cidades, que é descentralizada e está sob responsabilidade dos municípios, o que limita a plena difusão e o desenvolvimento de um projeto nacional.

Para além desses fatores, há ainda a falta de regulação por parte do Executivo federal. Mas, mesmo considerando este fator, é possível defender o posicionamento de que a questão não parece ter sido essencialmente pautada no fazer-valer (efetivar) a norma, mas, sim, em garantir sua existência, ou seja, criar a lei, estabelecer a política pública, independentemente da sua efetivação, da mudança social que pode realmente provocar.

Fernandes (2001) nos traz uma compreensão acerca das dificuldades para se implementar uma gestão urbana eficiente, socialmente justa e sustentável. O autor destaca as particularidades contidas no próprio contexto socioespacial brasileiro como fator que influencia na implementação da política urbana no país.

Fernandes afirma que, se a promoção de condições eficientes de gestão urbano-ambiental é um desafio para a consolidação da democracia, este é um desafio ainda mais significativo para países em desenvolvimento como o Brasil, dada a complexidade dos problemas resultantes, dentre outros fatores, da combinação entre urbanização intensiva, degradação ambiental, desigualdades socioeconômicas, "exclusão social e segregação espacial" (Fernandes, 2001, p. 27).

Pautando sua análise na tradição dos estudos urbano-ambientais críticos, Fernandes defende uma releitura da legislação urbana existente à luz da Constituição Federal do Brasil de 1988. Argumenta que "o controle jurídico do processo de desenvolvimento urbano ainda está sendo discutido sob o prisma limitado — e limitante — do Direito Administrativo" (Fernandes, 2001, p. 20). Consequentemente, pautado ainda pelo Código Civil brasileiro de 1916 e situado na perspectiva do individualismo do liberalismo jurídico clássico, deixando de considerar as mudanças sociais que a Constituição Federal permitiu emergir.

Essa indefinição quanto ao marco jurídico, ou com a necessidade de se redefinir tal marco, impacta também na reprodução do pensamento jurídico que trata da questão urbana atualmente. É por esse motivo que Fernandes (2001, p. 20) vai afirmar inclusive que "tal situação tem sido consolidada pela formação tradicional dos cursos de Direito, que colocam ênfase excessiva no Direito Civil, ignorando as mudanças sociais profundas e o fortalecimento do Estado ocorridos ao longo do século".

Resgatando o argumento de Maricato (2014), percebe-se que a crítica feita por Fernandes (2001) encontra guarida na questão da competência para atuar em questões urbanísticas e ambientais, envolvendo a União e os municípios. Isso se deve ao fato de que, historicamente, a questão urbana passou ao longo dos anos por inúmeras controvérsias no tocante à possibilidade da intervenção estatal no domínio dos direitos individuais de propriedade e, especialmente, quanto à competência dos municípios para agir em matérias urbanísticas e ambientais.

Na visão de Fernandes (2001, p. 21), o fim dessas controvérsias só ocorreu com a promulgação da Constituição Federal de 1988, quando a competência para legislar sobre o tema foi distribuída com os municípios e a função social da propriedade passou a ser entendida como "o fator fundamental para determinação dos direitos de propriedade imobiliária urbana e da ação do Estado na condução do processo de desenvolvimento urbano".

O saldo dessas transformações nos permite admitir que, embora gradual e lentamente, se entende que essa mudança de paradigma vem permitindo um avanço na utilização dos instrumentos de política urbana na efetivação do direito à cidade, consubstanciada aqui na perspectiva de efetivação do direito à moradia.

Apesar da releitura do controle judicial sobre a questão urbano-ambiental proposta por Fernandes (2001), fica o entendimento de que a mera atribuição de títulos individuais de propriedade não garante, por si só, a realização do direito à cidade, do direito à moradia. O autor deixa claro que "há um leque de opções jurídico-políticas a serem consideradas, [...] formas inovadoras, ainda pouco exploradas, com graus diferenciados de controle estatal" (Fernandes, 2001, p. 34). Em nosso entendimento, incluímos neste rol o instrumento da CUEM, que também é tratado no âmbito deste livro.

Como lição na obra de Fernandes, destaca-se ainda a importância da ampliação das possibilidades de acesso ao Poder Judiciário para a defesa dos direitos coletivos em matérias urbanísticas e ambientais. Acesso esse amplamente inserido no contexto de desenvolvimento como liberdade, como exercício pleno da democracia, da gestão democrática da cidade, como bem reflete a obra de Sen (2010).

Da mesma forma, urgente também a necessidade de mudança de paradigma por parte dos juízes, em prol de um entendimento mais revigorado e atualizado dos processos urbanos, "das relações complexas entre Direito, política e urbanização" (Fernandes, 2001, p. 46).

Agregamos a esse entendimento a visão crítica de Wolkmer (2001), que propõe o desenvolvimento de um projeto diferenciado, assentado em pressupostos que partem das condições históricas, de conflitos e lutas sociais e práticas insurgentes nos territórios, como bem expressa a obra de Arruda Júnior (1991). Daí a importância não apenas dos movimentos sociais, mas também do uso alternativo do direito, da apropriação do direito como recurso de luta política.

Por fim, ainda inspirado na leitura das obras de Maricato (2014), Harvey (2005) e Fernandes (2001), o desafio de implementar a política urbana no país nos mostra a necessidade de combater e de superar o analfabetismo urbanístico, o desinteresse pela gestão democrática das cidades. Obviamente, isso não é tarefa exclusiva dos gestores de cidades, das prefeituras, do corpo técnico composto por arquitetos, geógrafos, engenheiros, urbanistas, entre outros.

É evidente que essa não é uma tarefa trivial, pois, nos termos de Maricato (2014, p. 54), "conhecer o conjunto das cidades brasileiras e a realidade específica de cada cidade exigiria ainda a incorporação do tema como matéria escolar no ensino fundamental", o que acarretaria um esforço integrado envolvendo a gestão de cidades e o Ministério da Educação. Exigiria, ainda, e de maneira mais abrangente, uma enorme reflexão sobre o ensino jurídico no Brasil e a formação dos profissionais do direito, como bem explora a obra de Cortiano Júnior *et al.* (2014).

Mas, como diria Harvey (2005, p. 164), infelizmente, e com muita frequência, "o estudo da urbanização se separa do estudo da mudança social e do desenvolvimento econômico, como se [...] pudesse ser considerado um assunto [...] passivo em relação a mudanças sociais mais importantes e fundamentais".

Portanto, resta evidente que se trata de uma tarefa multidisciplinar, multidimensional e multiescalar, que envolve um esforço pedagógico, uma campanha de educação da população para as questões que envolvem a produção do espaço das cidades, o direito à cidade e o próprio exercício da cidadania. Envolve também o exercício daquilo que Fernandes (2001) chama de "direito coletivo novo", qual seja, o direito ao planejamento urbano.

2.3. Estatuto da Metrópole: a questão metropolitana, a reestruturação produtiva e o sistema financeiro

Outro desafio significativo no processo de implementação da política urbana no Brasil é a questão metropolitana, como bem discute a obra de Maricato (2014). Reverberando sua fala, de fato os problemas metropolitanos têm merecido pouco destaque na elaboração da legislação estadual pertinente e, principalmente e mais precisamente, na governabilidade metropolitana.

É nesse contexto que surge a Lei nº 13.089, de 12 de janeiro de 2015, o Estatuto da Metrópole, que vem ao encontro na tentativa de mitigar os conflitos envolvendo o planejamento e a gestão de cidades e aglomeração urbana, em tese, permitindo que os Estados possam instituir regiões metropolitanas e aglomerações urbanas, constituídas por agrupamentos de municípios limítrofes, com o intuito de integrar a organização, o planejamento e a execução de funções públicas de interesse comum, conforme expressa o art. 3º da referida lei.

Ocorre que – e isso é importante destacar – no processo de aplicação das disposições do Estatuto da Metrópole, as ações são concebidas dentro de um sistema mais amplo, digamos, supranacional ou mesmo global, que abarca a reestruturação produtiva, no qual o capital financeiro exerce enorme influência nos investimentos, públicos e privados, que afetam diretamente o planejamento e a gestão de cidades.

Harvey (2015) chama a atenção para o fato de que as cidades vêm sendo cada vez mais dominadas pelo capital, pelas grandes corporações, em aliança com o Estado. Dessa forma, as cidades têm se tornado lugares de produção de lucro e não lugares dignos para se viver, onde as pessoas podem contar com o atendimento das condições básicas para viverem dignamente.

No contexto brasileiro análise semelhante é feita por Carlos, Volochko e Alvarez (2015). Nas perspectivas urbana e metropolitana exploradas em Carlos, Volochko e Alvarez (2015), o fenômeno urbano extrapola para os espaços metropolitanos, mobilizado pelos capitais em um contexto de mundialização financeira. Nesse caminho de entendimento do urbano como negócio, argumentam os autores, "a metrópole e os espaços metropolitanos se impõem como mediação central" (Carlos; Volochko; Alvarez, 2015, p. 8).

A dinâmica envolvendo o crescimento e o desenvolvimento das áreas centrais das grandes cidades e os espaços metropolitanos e periféricos exerce forte pressão nos sistemas urbanos, tanto em áreas centrais como nos espaços metropolitanos, de modo que os capitais financeiro e imobiliário sempre se movimentam observando essa dinâmica de produção do espaço urbano-regional.

Daí a importância de se capturar o extravasamento dos problemas urbanos da escala urbana para a metropolitana, impondo à administração pública a necessidade de realizar ações que identifiquem problemas e proponham soluções que compreendam também a escala do espaço metropolitano.

A partir desse contexto, defendem os citados autores que

> a centralidade da metrópole para a reprodução capitalista vai além da concentração das infraestruturas, do mercado, da força de trabalho, das bases técnicas da produção, embora não prescinda delas. No atual contexto de mundialização financeira, a economia e o capital industrial são postos a serviço da circulação financeira, estabelecendo uma mudança de qualidade na economia, no trabalho e na urbanização... articulando diversas escalas (do lugar ao mundial) (Carlos; Volochko; Alvarez, 2015, p. 8).

Analisando o fenômeno da especulação imobiliária e o poder do capital financeiro, portanto, os autores realizam uma importante discussão sobre a perspectiva da cidade como um negócio, em um entendimento de cidade como sinônimo de mercadoria a ser consumida no mercado, e não como espaço de participação, de escuta e de transformação da cidade para e em prol das pessoas.

Na seção seguinte a discussão se estende sobre a questão da urbanização brasileira, dos desafios para a implementação da política urbana e as implicações disso para a efetivação do direito humano fundamental à moradia, porém ajusta o foco para tentar realizar um esforço no sentido de territorializar o problema da pesquisa.

Embora admitindo, como diriam Santos e Freitas (2022, p. 115), que "o jogo de interesses capitalistas no espaço urbano pode ser interpretado pelas ações de seus agentes promotores", analisaremos a realidade dos problemas urbanos, sobretudo brasileiros, a partir de uma aproximação junto à comunidade Portelinha, que luta não apenas para ter acesso a saneamento básico e energia, mas também para ter o direito de moradia efetivado na cidade de Curitiba, no Paraná.

Ainda que de forma sucinta e exemplificativa, a análise empírica e no chão da cidade de Curitiba nos revela como as teorias urbanas e do direito encontram as práticas sociais, ambientais, e as relações humanas que produzem o espaço urbano e mobilizam o direito como recurso de luta política, de efetivação do princípio da dignidade humana e do direito à moradia nas cidades.

2.4. Comunidade Portelinha: uma realidade urbana, brasileira e curitibana

A comunidade Portelinha está localizada em um bairro da cidade de Curitiba que apresenta diversos problemas de dimensão econômica, ambiental, urbana, jurídica e social, sobretudo no tocante à efetivação do direito humano fundamental à moradia.

Por isso, empiricamente fornece o cenário ideal para analisarmos as possibilidades de utilização da CUEM ou mesmo da regularização fundiária como instrumentos de política urbana capazes de efetivar o direito à cidade e promover a justiça social, justamente por envolver área contendo propriedades com titularidades e ocupações diversas, incluindo-se área de propriedade do município de Curitiba.

Conceitualmente, poderíamos considerar essa comunidade como representante da chamada cidade informal. De acordo com Martins (2023, p. 76), "a cidade informal se refere especificamente a áreas urbanas que crescem e se desenvolvem sem planejamento ou regulamentação governamental adequada".

Essas áreas são caracterizadas por populações de baixa renda que não têm acesso à moradia formal ou serviços básicos de infraestrutura (p. ex., água, esgoto, eletricidade). Para além dessa realidade, a violência, as vulnerabilidades e a sensação de insegurança estão presentes no cotidiano das pessoas que lá vivem, corroborando com achados já obtidos em pesquisas realizadas em contextos socioespaciais semelhantes no Brasil, como em Sales e Rocha (2011).

Na perspectiva de Santos (2020, p. 6),

> a informalidade na produção da cidade inclui a formação de favelas, ou seja, aglomerados urbanos irregulares tanto em termos fundiários como em termos urbanísticos, mas também

loteamentos irregulares. Estes últimos, em geral, são irregulares em termos urbanísticos, ainda que muitos se refiram a imóveis que têm a propriedade fundiária reconhecida.

A comunidade Portelinha foi formada em 2007, e desde então pode ser considerada como uma comunidade que representa uma história de luta pela moradia, sobretudo em localidades centrais das grandes capitais brasileiras. A área está situada entre os bairros Santa Quitéria e Portão, na região oeste da de Curitiba.

Por muitos anos, o terreno onde hoje se localiza a ocupação ficou vazio, sem função social alguma, acumulando lixo, sem iluminação, tornando-se até mesmo um lugar perigoso para os transeuntes e os moradores da região, que relatam que a Prefeitura Municipal de Curitiba era informada acerca do abandono do imóvel e sobre a necessidade de realizar limpeza, corte de grama, entre outros.

A maior parte da área relativa à Comunidade Portelinha está situada na área que pertencia à falida construtora Cidadela S/A (posteriormente, à empresa Residencial Plano Leve S/A), uma pequena parte pertence ao Município de Curitiba, já outra parte pertence à Copel, mais precisamente sob ou próximo às linhas de transmissão de alta tensão (Figura 2.2). Na comunidade vivem cerca de 280 famílias, muitas chefiadas por mulheres.

Figura 2.2: Vista aérea da Comunidade Portelinha, Curitiba, no Paraná

Fonte: Google Maps, 2024.

Como se pode imaginar, a ocupação é palco de diversas lutas por regularização fundiária, bem como para a reintegração de posse da área, além de diversos problemas de ordem econômica, social e ambiental que, por sua vez, geram um enorme contraste na paisagem urbana da cidade (Figura 2.3).

A comunidade é dividida geograficamente em duas partes: Portelinha de cima e Portelinha de baixo. Existem várias casas próximas a torres de alta tensão. Portelinha de baixo está situada às margens de um rio, e a população constantemente sofre com alagamentos, acúmulo de resíduos sólidos, entre outras situações que revelam a condição de vulnerabilidades das pessoas que ali vivem.

Figura 2.3: Comunidade Portelinha: uma paisagem de contrastes

Fonte: Acervo do autor.

A Comunidade se reúne periodicamente na associação de moradores, construída dentro da própria comunidade (Figura 2.4). O local também é utilizado para a oferta de cursos e festejos na comunidade.

A partir das evidências obtidas *in loco* por meio da pesquisa que fora realizada junto a essa comunidade, constatam-se enormes problemas no tocante à ordem urbana, à qualidade e à segurança das moradias (Figura 2.5), à efetivação do princípio da dignidade humana e do próprio direito à moradia.

No tocante à situação jurídica da área, desde 2007, ao menos três processos foram originados a partir do conflito de interesses envolvendo moradores, a Cidadela S/A (Plano Leve S/A), a Copel e a Prefeitura Municipal de Curitiba.

Figura 2.4: Sede da associação de moradores da Comunidade Portelinha

Fonte: Acervo do autor.

Figura 2.5: Construções precárias na Comunidade Portelinha

Fonte: Acervo do autor.

CAPÍTULO 2

A Portelinha de cima envolve a Cidadela S/A (Residencial Plano Leve S/A, Processo nº 0012467-46.2007.8.16.0001, junto à 5ª Vara Cível de Curitiba). O Processo nº 0009118-79.2014.8.16.0004, junto à 2ª Vara da Fazenda Pública de Curitiba, envolve a área de propriedade da Copel. E o Processo nº 0001852-69.2012.8.16.0179, pela 4ª Vara da Fazenda Pública de Curitiba, envolve a área pertencente à Prefeitura Municipal de Curitiba.

Alguns desses processos ficaram suspensos por muito tempo, e houve decisões que determinaram a reintegração de posse, mas não foram cumpridas.

Neste ponto, há que se considerar que qualquer decisão, ainda que tomada à luz do direito, poderia gerar consequências desastrosas e desumanas caso determinadas condições não fossem observadas antes da desocupação das casas e da remoção de pessoas. Nossa imaginação não precisa ir muito longe para entendermos que a remoção forçada e sem destino assegurado às pessoas as colocaria em situação ainda pior, de vulnerabilidade, ignorando a dignidade de crianças, jovens, mulheres, idosos etc. que vivem na comunidade.

Atualmente, a situação da comunidade vem sendo acompanhada pelo Ministério Público, pela Companhia de Habitação Popular de Curitiba (COHAB) e pela Prefeitura Municipal de Curitiba. A comunidade é bastante atuante na tentativa de regularizar a área que ocupa há muitos anos, e constantemente participa de reuniões com o Poder Público, bem como de audiências públicas visando a prestação de serviços públicos de qualidade (água, energia elétrica, saneamento básico, entre outros).

A partir do olhar para as demandas e a realidade constatada na Comunidade Portelinha, percebe-se que o uso do instrumento de concessão de uso especial para fins de moradia se coloca como instrumento de enorme impacto do ponto de vista da justiça social e da redução das desigualdades, e que pode ser utilizado pelo poder público no tocante à regularização fundiária e à efetivação do direito fundamental à moradia.

O recorte espacial da Comunidade da Portelinha é capaz de nos revelar inúmeras descobertas relativas à regularização fundiária, à utilização da CUEM como instrumento de política urbana e, também, como exemplo de espaço urbano a ser estudado por meio da elaboração, da implementação e da avaliação de políticas públicas.

A partir desse conhecimento empírico e manifestado pelas relações que produzem e transformam o espaço urbano e regional de Curitiba e da Grande Curitiba, extrapolamos nossa análise para as amplas questões envolvendo o Direito Urbanístico, principalmente no contexto brasileiro.

Para tanto, devemos nos situar epistemologicamente, apropriando-nos dos conceitos e das teorias pertinentes e discutindo sobre as possibilidades de encontrarmos soluções a partir da análise da efetividade dos princípios constitucionais e das leis contidas no ordenamento jurídico e dos instrumentos de política urbana disponíveis para serem utilizados para o pleno desenvolvimento de nossas cidades.

Essa é a tarefa que realizaremos a partir dos próximos capítulos, iniciando pela necessária distinção sobre os conceitos de cidade e de urbano e da própria definição de Direito Urbanístico como ramo autônomo do Direito, embora este se apresente como arena multidimensional, multifacetada e multidisciplinar de estudos.

CAPÍTULO 3.
O ESTATUTO DA CIDADE E A PROMOÇÃO DO DIREITO À CIDADE

3.1. O Estatuto da Cidade e o Direito à Cidade

No tocante à questão da eficácia e da efetividade das normas constitucionais, destacamos agora a importância do Estatuto da Cidade (Lei nº 10.257, de 2001), que tem por objetivo ordenar o pleno desenvolvimento das funções sociais da cidade e garantir o bem-estar de seus habitantes.

Tendo superado pouco mais de duas décadas de existência, o Estatuto da Cidade trouxe a esperança de dias melhores para o Brasil, do ponto de vista da justiça social, da redução das desigualdades e da gestão democrática das cidades. Mas, conforme defendem Keller *et al.* (2021), após a promulgação deste Estatuto nossa celebração deve ser comedida, haja vista os avanços e retrocessos experenciados pela passagem de governos com ideologias muito distintas no tocante à política urbana, à diminuição da pobreza e à promoção dos direitos humanos.

Importante destacar que as diretrizes gerais da política urbana foram estabelecidas a partir da regulamentação dos arts. 182 e 183 da CRFB/1988, que por usa vez foi promulgada três anos depois do fim da ditadura militar brasileira. De tal modo, a transição para o Estado Democrático de Direito vem acompanhada de dispositivos constitucionais que têm como objetivos fundamentais a redução das desigualdades sociais e regionais, a diminuição da pobreza e a promoção dos direitos humanos.

Instituído pela Lei Federal nº 10.257/2001, o Estatuto da Cidade é um marco regulatório que estabelece diretrizes para o desenvolvimento urbano no Brasil. Esse importante instrumento legal tem como objetivo promover a função social da cidade e da propriedade urbana, garantindo o pleno exercício do direito à cidade.

Nos termos de Bacila (2021, p. 1045),

> o referido Estatuto garante a participação popular nas decisões de interesse público e contribui para o processo de planejamento urbano participativo. Encontra suas raízes em históricos clamores populares pelo direito à cidade e considera a participação direta da população em momentos decisórios, tendo como predicado a preponderância de princípios de cooperação e integração referentes à administração, além da politização de questões unidas à justiça social.

Dentre as diversas disposições do Estatuto da Cidade, destacam-se os instrumentos de política urbana que visam orientar e regular o crescimento das cidades de forma mais justa, equilibrada e sustentável. Esses instrumentos têm como objetivo principal a democratização do acesso à terra urbana, à moradia digna, ao saneamento ambiental, à infraestrutura urbana, ao transporte e aos serviços públicos.

Nesse contexto, e partindo da perspectiva de Harvey (2008, p. 23), podemos considerar que

> a questão de que tipo de cidade queremos não pode ser divorciada do tipo de laços sociais, relação com a natureza, estilos de vida, tecnologias e valores estéticos que desejamos. O direito à cidade está muito longe da liberdade individual de acesso a recursos urbanos: é o direito de mudar a nós mesmos pela mudança da cidade. Além disso, é um direito comum antes de individual já que esta transformação depende inevitavelmente do exercício de um poder coletivo de moldar o processo de urbanização. A liberdade de construir e reconstruir a cidade e a nós mesmos é,

como procuro argumentar, um dos mais preciosos e negligenciados direitos humanos.

O Direito à Cidade pode ser entendido com um conjunto de princípios e direitos que garantem o acesso equitativo e sustentável às oportunidades e benefícios da vida urbana. O filósofo francês Henri Lefebvre desenvolveu essa concepção na década de 1960, e desde então a perspectiva lefebvriana ganhou destaque no campo dos estudos urbanos.

O Direito à Cidade abarca a noção de que a cidade não é apenas um espaço físico, mas também um espaço social, político, econômico que deve ser acessível a todos os seus habitantes (Lefebvre, 2001). Lefebvre defende que todos têm o direito de participar das decisões que afetam a cidade, bem como de usufruir de serviços básicos de qualidade, viver em casas dignas, ter acesso a empregos, educação, saúde, transporte e cultura, entre outros direitos.

Outros entendem o direito à moradia enquanto símbolo do direito à cidade (Marra; Gonçalves, 2011). Direito à Cidade, a partir dessa leitura de mundo, pressupõe o exercício do direito à moradia. Basta pensarmos na importância que o exercício do direito à moradia tem na efetivação de outros direitos fundamentais, como o direito à saúde, à sadia qualidade de vida, ao meio ambiente equilibrado, à educação, entre outros.

A perspectiva lefebvriana nos parece ampla o suficiente para abarcar uma visão holística de mundo e de cidade, haja vista que o Direito à Cidade nessa perspectiva pode ser entendido também, conforme afirmam Bodnar e Albino (2020), como um aglutinador de diversas dimensões de direitos humanos e fundamentais.

3.2. As diretrizes gerais da política urbana

As diretrizes gerais da política urbana são as diretrizes e os princípios que norteiam o planejamento, o desenvolvimento e a gestão de cidades. O objetivo destas diretrizes é tornar as cidades mais sustentáveis, inclusivas, eficientes e humanas.

3.2.1. A execução da política urbana: arts. 182 e 183 da CRFB/1988

A política de desenvolvimento urbano no Brasil tem como fundamento os arts. 182 e 183 da CRFB/1988, contidos no capítulo II do título VII, que trata de forma ampla ordem econômica e financeira. Na execução desta política urbana, há que se observar o Estatuto da Cidade e, em particular, as diretrizes gerais da política urbana.

Para Carvalho Filho (2013, p. 27), as diretrizes gerais da política urbana são o conjunto de situações urbanísticas de fato e de direito a serem alvejadas pelo poder público no intuito de constituir, melhorar, restaurar e preservar a ordem urbanística, de modo a assegurar o bem-estar das comunidades em geral.

Segundo o entendimento de Fiorillo e Ferreira (2019, p. 59), os arts. 1º e 2º do Estatuto da Cidade "são indiscutivelmente os mais importantes dispositivos da norma jurídica [...], destinados a interpretar integralmente o Estatuto, [...] organizam a maneira pela qual todos os artigos da lei devem ser aplicados". Em particular, o art. 2º estabeleceu uma série de dispositivos com o objetivo de orientar os legisladores e gestores no desenvolvimento da política urbana.

As diretrizes são essenciais para direcionar o crescimento urbano de forma sustentável, justa e eficiente, ao mesmo tempo que promovem o bem-estar da população e a preservação do meio ambiente. Para tanto, é necessário que os governos, o setor privado e a sociedade civil trabalhem juntos para que essas diretrizes sejam aplicadas com sucesso.

3.2.2. O apelo à questão ambiental e às cidades sustentáveis

Resta evidente que o Estatuto da Cidade se preocupou em trazer a questão ambiental para o centro das discussões, dando ênfase àquilo que a Política Nacional do Meio Ambiente de 1981 e a Constituição Federal de 1988 buscaram propiciar.

Assim, o art. 2º do referido Estatuto é claro ao expressar que a política urbana tem por objetivo ordenar o pleno desenvolvimento das funções sociais da cidade e da propriedade urbana, mediante as seguintes diretrizes gerais:

> Art. 2º [...]
> I – garantia do direito a cidades sustentáveis, entendido como o direito à terra urbana, à moradia, ao saneamento ambiental, à infraestrutura urbana, ao transporte e aos serviços públicos, ao trabalho e ao lazer, para as presentes e futuras gerações.

Não por acaso, as enchentes ocorridas no Estado do Rio Grande do Sul, em 2024, demonstram a gravidade dos problemas que envolvem a relação sociedade-natureza, da intensificação no uso dos recursos naturais e da maneira como os seres humanos vêm se comportando no tocante aos cuidados com sua maior riqueza, ou seja, sua casa ou moradia ampliada chamada planeta Terra.

A calamidade pública e as situações de emergência que afetaram diversas cidades no Rio Grande do Sul nos trazem a certeza de que a preocupação em torno da questão ambiental urge para a sociedade, e em particular para os gestores públicos nas mais diversas escalas de análise e de governança. Ou seja, não se trata de mero discurso político ou de alardes por parte daquelas injusta e pejorativamente são chamados de ecochatos, aqueles que buscam incansavelmente promover a defesa do meio ambiente e o desenvolvimento sustentável.

3.3. Os instrumentos da política urbana

Os instrumentos de política urbana podem ser considerados ferramentas utilizadas por governos, agentes públicos, autoridades municipais e planejadores urbanos para orientar o desenvolvimento das áreas urbanas e promover o uso eficiente do solo, melhorando a qualidade de vida dos cidadãos.

Esses instrumentos são concebidos e utilizados para lidar com os desafios e as oportunidades associadas ao crescimento urbano, bem como para servirem à coletividade, às estratégias de desenvolvimento sustentável, à equidade, entre outras questões.

A seguir, apresentamos o rol de instrumentos contidos no art. 4º da Lei nº 10.257, de 10 de julho de 2001, chamada de Estatuto da Cidade. Para os fins desta lei, serão utilizados, entre outros instrumentos:

I – planos nacionais, regionais e estaduais de ordenação do território e de desenvolvimento econômico e social;
II – planejamento das regiões metropolitanas, aglomerações urbanas e microrregiões;
III – planejamento municipal, em especial:
a) plano diretor;
b) disciplina do parcelamento, do uso e da ocupação do solo;
c) zoneamento ambiental;
d) plano plurianual;
e) diretrizes orçamentárias e orçamento anual;
f) gestão orçamentária participativa;
g) planos, programas e projetos setoriais;
h) planos de desenvolvimento econômico e social;
IV – institutos tributários e financeiros:
a) imposto sobre a propriedade predial e territorial urbana – IPTU;
b) contribuição de melhoria;
c) incentivos e benefícios fiscais e financeiros;
V – institutos jurídicos e políticos:
a) desapropriação;
b) servidão administrativa;
c) limitações administrativas;
d) tombamento de imóveis ou de mobiliário urbano;
e) instituição de unidades de conservação;
f) instituição de zonas especiais de interesse social;
g) concessão de direito real de uso;
h) concessão de uso especial para fins de moradia;
i) parcelamento, edificação ou utilização compulsórios;
j) usucapião especial de imóvel urbano;
l) direito de superfície;
m) direito de preempção;
n) outorga onerosa do direito de construir e de alteração de uso;
o) transferência do direito de construir;
p) operações urbanas consorciadas;
q) regularização fundiária;
r) assistência técnica e jurídica gratuita para as comunidades e grupos sociais menos favorecidos;
s) referendo popular e plebiscito;
t) demarcação urbanística para fins de regularização fundiária; (Incluído pela Lei nº 11.977, de 2009)

u) legitimação de posse. (Incluído pela Lei nº 11.977, de 2009)
VI – estudo prévio de impacto ambiental (EIA) e estudo prévio de impacto de vizinhança (EIV).
§ 1º Os instrumentos mencionados neste artigo regem-se pela legislação que lhes é própria, observado o disposto nesta Lei.
§ 2º Nos casos de programas e projetos habitacionais de interesse social, desenvolvidos por órgãos ou entidades da Administração Pública com atuação específica nessa área, a concessão de direito real de uso de imóveis públicos poderá ser contratada coletivamente.
§ 3º Os instrumentos previstos neste artigo que demandam dispêndio de recursos por parte do Poder Público municipal devem ser objeto de controle social, garantida a participação de comunidades, movimentos e entidades da sociedade civil.

Portanto, na execução da política urbana e para a efetivação do direito à cidade, conforme se vislumbra no Estatuto da Cidade, é necessário participação da população, cooperação entre governos, oferta de equipamentos urbanos, entre outras condições, conforme expressam as diretrizes gerais contidas na legislação.

Necessário ainda que os instrumentos de política urbana sejam efetivamente utilizados, visando o pleno desenvolvimento das funções sociais da cidade. Mas, para tratar da função social da cidade, inevitavelmente, precisamos tratar da questão da propriedade urbana e de regular o uso desta propriedade em prol do bem coletivo.

Contudo, como se pode imaginar, essa não é uma tarefa trivial. Mas, como importante avanço na gestão democrática de cidades, o Estatuto da Cidade oferece instrumentos que, quando aplicados adequadamente, podem contribuir com a redução das desigualdades, a justiça social e garantir a efetivação do princípio da dignidade humana.

3.4. Planejamento municipal

3.4.1. Plano Diretor

Associado à norma estabelecida no Estatuto da Cidade, o município precisa considerar a necessidade de elaboração de um Plano Diretor, ou seja, uma lei de iniciativa do Poder Executivo municipal que disporá sobre desenvolvimento e expansão urbanos. Para além disso, faz-se necessário que o município elabore normas sobre o zoneamento urbano, estabelecendo critérios e parâmetros de uso e ocupação do solo.

Importante destacar que a propriedade urbana cumpre sua função social quando atende às exigências fundamentais de ordenação da cidade expressas neste plano. O Plano Diretor deve ser aprovado por lei municipal e serve como instrumento básico da política de desenvolvimento e expansão urbana.

O Plano Diretor deverá englobar o território do Município como um todo e deve ser entendido como integrante do processo de planejamento municipal, devendo o plano plurianual, as diretrizes orçamentárias e o orçamento anual incorporar as diretrizes e as prioridades nele contidas.

Existem vários pontos importantes a serem analisados no tocante ao Plano Diretor, tais como a necessidade de revisão periódica (a cada 10 anos), o princípio da publicidade dos atos e informações, a participação da população, bem como de sua obrigatoriedade para determinadas cidades, conforme estabelece o art. 41 do Estatuto da Cidade.

O Plano Diretor é um documento que estabelece diretrizes, objetivos e metas para o desenvolvimento urbano, considerando o princípio constitucional da função social da propriedade, a preservação ambiental e a participação democrática da população. Ele deve ser elaborado com a participação dos diferentes setores da sociedade, promovendo a transparência e o debate público.

Já o ordenamento territorial é um conceito que se refere ao planejamento e à organização do espaço geográfico de uma determinada região. O ordenamento territorial trata da regulação, do uso e da ocupação do solo, considerando os diferentes interesses e necessidades da sociedade, bem como a conservação dos recursos naturais.

O ordenamento territorial visa garantir um desenvolvimento harmonioso que envolve a atividade humana e a apropriação da natureza pela sociedade em determinado território, evitando ou mitigando conflitos, além de buscar soluções sustentáveis, garantindo um desenvolvimento urbano equitativo, economicamente viável, socialmente justo e ambientalmente responsável.

Para uma compreensão mais ampla acerca do conceito de ordenamento territorial, sugerimos a leitura do artigo de Rogério Haesbaert, intitulado "Ordenamento territorial", publicado em 2008, no *Boletim Goiano de Geografia*. No referido artigo, o autor argumenta que conceituar ordenamento territorial não é uma tarefa trivial, pois que tal conceito implica compreender dois outros conceitos relacionados, quais sejam, ordem e território.

3.4.2. Zona Especial de Interesse Social

Outro instrumento importante é a Zona Especial de Interesse Social (ZEIS), que tem como finalidade, por exemplo, a garantia do direito à moradia digna para a população de baixa renda. As ZEIS são áreas destinadas à produção de habitação de interesse social, com a finalidade de regularizar assentamentos precários e promover a inclusão social. Essas áreas devem ser prioritárias na destinação de recursos e na implementação de políticas habitacionais.

3.4.3. Disciplina do parcelamento, do uso e da ocupação do solo

No âmbito do planejamento municipal, e com forte apelo para a gestão do espaço da cidade está a disciplina do parcelamento, do uso e da ocupação do solo. Mas não apenas o gestor da cidade deve se preocupar, haja vista que o tema é de interesse de todos, incluindo-se aqui uma variedade de profissionais, tais como os empreendedores imobiliários, urbanistas, geógrafos, advogados, registradores de imóveis.

O tema do parcelamento do solo urbano tem trazido inúmeras discussões no tocante à segurança jurídica dos negócios imobiliários, bem como da função social da propriedade urbana.

Cassettari e Salomão (2024) realizaram importante análise nesse contexto, abrangendo as principais mudanças na legislação ao longo da história da produção do espaço urbano no século XX no Brasil e, particularmente, aquelas trazidas com a Lei nº 6.766/1979, que passaremos a abordar a seguir.

3.4.3.1. Lei nº 6.766, de 19 de dezembro de 1979

O primeiro ponto a ser destacado na discussão da Lei Federal nº 6.766/1979 se refere ao fato de que os municípios possuem competência para legislar de forma suplementar as legislações federal e estadual no que couber, nos termos do inciso II do art. 30 da CRFB/1988. Nessa mesma perspectiva, podem legislar sobre assuntos de interesse local.

O parcelamento do solo urbano pode ocorrer por loteamento, desmembramento ou desdobro (fracionamento). Na lição de Cassettari e Salomão (2024), a Lei Federal nº 6.766/1979 trata apenas do loteamento e do desmembramento, deixando o desdobro para os municípios ou, na ausência de legislação própria, para os Códigos de Normas dos Tribunais de Justiça.

Para se compreender o loteamento e o desmembramento, é necessário entender o conceito de gleba. O conceito de gleba está presente na legislação urbana e rural e, ainda que não se tenha uma definição clara acerca do conceito, é possível compreendê-la como uma área ou porção de terra aguardando divisão, ou seja, a gleba sempre gera uma expectativa de movimento, de dinâmica territorial, de transformação de área urbana.

Agora, vejamos o que diz a legislação acerca deste tema.

> Art. 2º O parcelamento do solo urbano poderá ser feito mediante loteamento ou desmembramento, observadas as disposições desta Lei e as das legislações estaduais e municipais pertinentes.
> § 1º Considera-se loteamento a subdivisão de gleba em lotes destinados a edificação, com abertura de novas vias de circulação, de logradouros públicos ou prolongamento, modificação ou ampliação das vias existentes.
> § 2º Considera-se desmembramento a subdivisão de gleba em lotes destinados a edificação, com aproveitamento do sistema viário existente, desde que não implique na abertura de novas vias e logradouros públicos, nem no prolongamento, modificação ou ampliação dos já existentes.

Da leitura do texto compreende-se que há uma distinção evidente entre as duas formas de parcelamento do solo urbano.

No loteamento, ruas novas são abertas ou ampliadas ou, ainda, modificam ou prolongam aquelas que já eram oriundas de loteamento anterior.

Aqui, a gleba é dividida em partes, e algumas dessas partes serão entregues ao município, nos termos do art. 22 da Lei Federal nº 6.766/1979. Já no desmembramento, aproveita-se o sistema viário, ou seja, não há abertura, modificação, ampliação ou prolongamento de ruas já existentes (Cassettari; Salomão, 2024).

No que concerne às zonas legalmente passíveis de parcelamento do solo urbano, importante destacar que o parcelamento do solo urbano somente poderá ocorrer, em qualquer das modalidades consideradas (loteamento e desmembramento), em zona urbana, zona de expansão urbana e zona de urbanização específica. Para além disso, há que se considerar os requisitos urbanísticos específicos para os loteamentos, bem como os projetos e o registro no respectivo registro de imóveis.

3.4.4. Gestão democrática da cidade

A gestão democrática da cidade é um modelo de gestão urbana que incentiva e incorpora a participação ativa dos cidadãos nas decisões e processos relacionados ao desenvolvimento e à governança de uma cidade. Este conceito parte do pressuposto de que a cidade é um espaço de todos e para todos, então a gestão urbana deve refletir os interesses e as necessidades de todas as pessoas que vivem nas cidades.

Como bem observa Carvalho Filho (2013, p. 387), a Constituição da República Federativa do Brasil de 1988 procurou estabelecer mecanismos de participação popular por meio da criação de instrumentos de caráter constitucional, tais como a iniciativa popular para projetos de lei (art. 61, § 2º), o plebiscito (art. 14, I) e o referendo (art. 14, II), e a cooperação de associações representativas no planejamento municipal (art. 29, XII).

No bojo da legislação infraconstitucional, o Estatuto da Cidade também traz instrumentos que visam garantir a gestão democrática da cidade. Assim, o art. 43 do referido estatuto expressa que, para garantir a gestão democrática da cidade, deverão ser utilizados, entre outros, os seguintes instrumentos:

> I – órgãos colegiados de política urbana, nos níveis nacional, estadual e municipal;
> II – debates, audiências e consultas públicas;

III – conferências sobre assuntos de interesse urbano, nos níveis nacional, estadual e municipal;
IV – iniciativa popular de projeto de lei e de planos, programas e projetos de desenvolvimento urbano;
V – (VETADO)

Já o art. 44 dispõe que, no âmbito municipal, a gestão orçamentária participativa (art. 4º, inciso III, alínea *f*) desta lei incluirá a realização de debates, audiências e consultas públicas sobre as propostas do plano plurianual, da Lei de Diretrizes Orçamentárias (LDO) e do orçamento anual, como condição obrigatória para sua aprovação pela Câmara Municipal.

Da mesma forma, os organismos gestores das regiões metropolitanas e aglomerações urbanas incluirão obrigatória e significativa participação da população e de associações representativas dos vários segmentos da comunidade, de modo a garantir o controle direto de suas atividades e o pleno exercício da cidadania, nos termos do art. 45 da Lei nº 10.257, de 2001.

Espaços e tempos de fala (e de escuta) são fundamentais para promover mudanças que se originam de demandas coletivas. Daí a importância das narrativas, do *lobby*, do discurso. Afinal, como diria Alves (2022, p. 78), "o discurso é um elemento para a realização das práticas no sentido de que as práticas discursivas não são vistas como maneiras de representar o mundo, mas sim como formas de intervir e agir nele".

Além de ser uma diretriz geral contida no Estatuto, a gestão democrática representa um pilar fundamental na construção de uma cidade mais inclusiva e humana. A gestão democrática é uma condição *sine qua non* para que a cidade possa se desenvolver de forma ordenada, justa, sustentável e equitativa.

Do ponto de vista da utilização deste instrumento pelos municípios, interessante destacar algumas boas práticas implementadas pelas prefeituras para assegurar a efetividade deste poderoso instrumento. Tenhamos como exemplo o Programa "Fala Curitiba", lançado em 2017 pela Prefeitura Municipal de Curitiba.

De acordo com o *site* oficial do programa, disponibilizado na internet pela Prefeitura Municipal da Cidade, o "Fala Curitiba" objetiva ouvir a vontade da população quanto às propostas das leis orçamentárias do município, ampliar o debate e direcionar a indicação de demandas priorizadas por uma comunidade, considerando as características específicas dos seus 75 bairros.

Trata-se, portanto, de um canal aberto com a prefeitura para decidir sobre melhorias nos bairros. Ele é dividido em duas etapas, por ano. A primeira consiste em uma consulta sobre a LDO, e a segunda, sobre a Lei do Orçamento Anual (LOA).

Na primeira etapa, as sugestões da população irão compor uma espécie de *ranking* de prioridades, considerando as demandas de cada uma das 10 administrações regionais da cidade. Na segunda etapa, as sugestões precisam ser detalhadas, especificando-se quantidades, localização e descrição das principais características e particularidades apresentadas no tocante àquela demanda ou sugestão. Tramitadas as duas etapas, são eleitas propostas como sugestões para comporem a LOA, que no segundo semestre é encaminhada pelo Executivo a análise e aprovação da Câmara Municipal.

Para além dessa iniciativa do ente municipal, é possível considerar ainda a participação de vários outros agentes na construção da cidade que queremos, a partir de diferentes visões de mundo. Bonafé (2014) faz essa leitura, ao defender que é necessário intervir no texto da cidade, a partir de uma outra pedagogia – que não cabe só aos educadores, mas também aos prefeitos, às pessoas que têm responsabilidade na gestão municipal.

Ao mesmo tempo, entendemos que se trata, também, e em grande medida, de examinarmos a cidade com os olhos de criança, como, por exemplo, na perspectiva de Tonucci (1997). Ou seja, de um lado o olhar voltado para a gestão da educação e do município, de outro, para a escola, seu entorno, e a partir deste ponto ir extrapolando a escala de análise e de intervenção.

Atribuindo às crianças e aos jovens o protagonismo de seu aprendizado, por meio de observação, comparação, conhecimento e experiências prévias, a paisagem revela a magia que pode transformar a mente e a vida de nossas crianças e jovens.

Nessa perspectiva há diversos projetos promovendo a gestão democrática da cidade entre crianças e jovens. Ótimos exemplos são o "Fala Curumin", conduzido pela Prefeitura de Diadema/SP, bem como o "Nós propomos", promovido pelo Instituto de Geografia e Ordenamento do Território da Universidade de Lisboa/IGOT-Lisboa (Claudino; Domenech, 2018).

Ambos os projetos vêm ao encontro da perspectiva de promover um espaço de fala e de escuta das crianças e dos adolescentes das escolas dos ensinos fundamental e médio, procurando desenvolver ações de cidadania territorial local.

Isso porque a cidade exerce interesse no observador, aguça o desejo de aprender por meio da investigação de suas paisagens, movimentos e transformações. Apesar da significativa carga subjetiva nessa abordagem, sem dúvida, nos apresenta como uma proposta com enorme potencial de geração da identidade, de sentimento de pertença, de educação para a democracia (Mesquita, 2022) e para o exercício da cidadania (Westheimer, 2015; Westheimer e Kahne, 2004).

Portanto, nessa perspectiva, a gestão democrática decorre do próprio exercício do direito à cidade. Como atentamente observa Harvey (2015), uma cidade para as pessoas necessita de maior protagonismo do próprio povo. Mas, para tanto, as pessoas não devem viver como expectadores acerca do que está acontecendo nas cidades, ao invés disso, devem participar ativamente da construção da cidade na qual se deseja viver. Em outras palavras, falta de participação resulta em falta de democracia na cidade.

3.5. Institutos tributários e financeiros da política urbana

O desenvolvimento das cidades depende da política urbana, que engloba a gestão e o planejamento dos espaços urbanos, bem como a promoção de um ambiente habitável e sustentável. Dentro desse contexto, os institutos tributários e financeiros desempenham um papel importante porque fornecem os mecanismos e os recursos necessários para a implementação de políticas públicas e o desenvolvimento de infraestrutura nas cidades.

3.5.1. IPTU

O IPTU é um tributo que os municípios cobram dos proprietários de imóveis urbanos. Ele é essencial para garantir que a administração local tenha uma fonte constante de receita, pois permite a realização de serviços públicos essenciais, como manutenção de ruas e iluminação pública.

3.5.2. Contribuição de melhoria

As contribuições de melhoria são cobradas pelos municípios quando eles realizam obras que impactam na valorização dos imóveis. O exemplo mais comum aqui é a pavimentação de ruas.

3.5.3. Incentivos e benefícios fiscais e financeiros

Os institutos financeiros referem-se a estruturas e mecanismos de financiamento que permitem a gestão eficiente dos recursos disponíveis e a execução de projetos urbanos de grande escala. Entre os principais institutos financeiros estão:

- **Fundos de financiamento:** o Fundo de Garantia de Infraestrutura e o Fundo Nacional de Habitação de Interesse Social são alguns dos vários fundos disponíveis para apoiar o desenvolvimento urbano. Os projetos de infraestrutura, habitação e urbanização são financiados com esses recursos, que buscam melhorar a qualidade de vida nas cidades.
- **Parcerias público-privadas:** também conhecidas como PPPs, as parcerias público-privadas se referem aos acordos estabelecidos entre entes públicos e privados, para efetivar e gerir projetos de desenvolvimento urbano. Geralmente são caracterizados pelo aporte de recursos pela iniciativa privada e a regulamentação e supervisão dos projetos pelo ente público. A *expertise* para a execução de tais projetos pode integrar equipes multidisciplinares oriundas tanto da iniciativa privada como do *know-how* de servidores da administração pública.

Para além desses, os municípios podem contrair empréstimos e financiamentos com bancos federais e estaduais ou mesmo em instituições financeiras internacionais para financiar grandes projetos urbanos.

3.6. Institutos jurídicos e políticos da política urbana

Apesar da diversidade e da enormidade de institutos jurídicos e políticos, nesta obra analisaremos com maior profundidade apenas dois institutos, o da desapropriação e o da CUEM, contidos nos capítulos 6 e 7, respectivamente.

3.6.1. Parcelamento, Edificação ou Utilização Compulsória

O parcelamento, a edificação e a utilização compulsória emergem dentro do contexto da discussão em torno da efetivação do princípio da função social da propriedade. Quando, por motivos diversos, a propriedade urbana deixa de cumprir sua função social, a administração pública municipal pode ser chamada para atuar ou impor obrigação em face do particular, proprietário de imóvel.

Dentre as obrigações que o Poder Executivo municipal pode impor ao proprietário para que a propriedade cumpra a função social, estão o parcelamento, a edificação ou a utilização compulsórios do solo urbano não edificado — todos considerados como importantes institutos jurídicos da política urbana, nos termos da alínea *i*, inciso V, do art. 4º do Estatuto da Cidade.

3.6.2. O IPTU progressivo no tempo: noções elementares

Em caso de descumprimento da obrigação de parcelar, edificar ou utilizar o solo urbano, ou seja, de atribuir função social à propriedade urbana, o Estatuto da Cidade, em seu art. 7º, dispõe que o município procederá à aplicação do IPTU progressivo no tempo, mediante a majoração da alíquota pelo prazo de cinco anos consecutivos. Neste caso, deparamo-nos com a aplicação de um instrumento tributário da política urbana.

Ainda segundo o mesmo Estatuto, decorridos cinco anos de cobrança do IPTU progressivo sem que o proprietário tenha cumprido a obrigação de parcelamento, edificação ou utilização, o município, como parte legítima, poderá proceder à desapropriação do imóvel, com pagamento em títulos da dívida pública.

Importante notar que o verbo "poderá" indica que o ato administrativo até aqui é discricionário. De tal modo, o § 4º do art. 182 da CRFB dispõe que é facultado ao poder público municipal, mediante lei específica para área incluída no Plano Diretor, exigir, nos termos da lei federal, do proprietário do solo urbano não edificado, subutilizado ou não utilizado, que promova seu adequado aproveitamento.

Conforme traz a letra da lei, é facultado ao poder público municipal exigir que o proprietário adéque seu imóvel ao Plano Diretor. Essa situação, porém, não permanece inalterável se o poder público municipal notificar o proprietário sobre o início do procedimento de desapropriação. Em outras palavras, uma vez iniciado o procedimento de desapropriação, o ato passa a ser vinculado, e o poder público municipal não pode mais simplesmente desistir de dar prosseguimento na medida sancionatória. A norma, nesse caso, é cogente, tornando seu cumprimento obrigatório de maneira coercitiva.

Mas, como se percebe, aqui, deparamo-nos com um problema. Como pode a propriedade urbana cumprir sua função se não há efetividade do princípio da função social da propriedade? Ou seja, se a desapropriação para fins urbanísticos não é aplicada como instrumento de política urbana, como pode a propriedade cumprir sua função social?

Diante da pressão por moradia, da necessidade de adequar os espaços urbanos em prol do equilíbrio ambiental e da crescente preocupação com a função social e o desenvolvimento sustentável das cidades, sem dúvida refletir sobre a função social da propriedade é uma pauta muito atual e relevante, e que nos conduz a outro instituto jurídico importante da política urbana, o da desapropriação para fins urbanísticos, que também é analisado nesta obra.

O IPTU é um imposto cobrado pelos municípios brasileiros, tendo como fato gerador a propriedade de imóveis urbanos, sejam eles terrenos ou edificações.

O IPTU é uma das principais fontes de receita dos municípios e é utilizado para financiar serviços e obras públicas, como infraestrutura urbana, educação, saúde, segurança, entre outros. Embora o termo imposto seja frequentemente utilizado para se referir ao IPTU, tecnicamente ele é classificado como um tributo, mais especificamente uma taxa.

Isso ocorre porque ele possui uma base de cálculo relacionada a uma contraprestação específica por parte do poder público, que é a manutenção e a melhoria das condições urbanas onde o imóvel está localizado. O valor do IPTU é calculado de acordo com critérios estabelecidos em lei, pelo valor venal do imóvel e pelas alíquotas determinadas pelo município.

Já o IPTU Progressivo no Tempo é um instituto tributário da política urbana e busca estimular a função social da propriedade urbana e combater a especulação imobiliária. Ele consiste na aplicação de alíquotas progressivas ao IPTU para imóveis que não cumprem sua função social, como terrenos subutilizados ou não edificados.

3.6.3. Outorga Onerosa do Direito de Construir

O Estatuto da Cidade prevê a utilização da Outorga Onerosa do Direito de Construir como instrumento de política urbana. Esse mecanismo consiste na transferência do direito de construir além do coeficiente básico de aproveitamento do terreno, mediante contrapartida financeira. A receita arrecadada com a outorga onerosa é destinada ao financiamento de programas e projetos habitacionais, regularização fundiária e melhorias na infraestrutura urbana.

Além desses instrumentos, o Estatuto da Cidade também prevê a desapropriação com pagamento em títulos da dívida pública, a concessão de direito real de uso, o direito de preempção, a usucapião especial urbana, entre outros, que são importantes ferramentas para a promoção da justiça social, da inclusão urbana e da melhoria da qualidade de vida nas cidades.

3.6.4. Regularização fundiária (Lei nº 13.465, de 11 de julho de 2017)

Considerada como um dos principais instrumentos jurídicos da política urbana, a regularização fundiária (Lei nº 13.465/2017) aplica-se na regularização de núcleos urbanos informais.

Sobre esse ponto, Martins (2023) argumenta que existem determinadas modalidades de Regularização Fundiária Urbana (REURB), a saber: REURB-S; REURB-E (de interesse específico); e REURB-I (inominada). A Regularização Fundiária Urbana de Interesse Social (REURB-S) é destinada a regularizar assentamentos irregulares ocupados, especialmente por população de baixa renda, ocupados de forma mansa e pacífica, há, pelo menos, cinco anos.

Martins (2023, p. 35) destaca ainda que:

> aplica-se tal instituto às áreas que forem propriedade da União, dos Estados, do Distrito Federal e dos municípios, e que forem declaradas como de interesse para implementação de projetos de a REURB-S, conforme a lei 13.465/2017.

Nesse sentido, o instituto da CUEM, que analisaremos no Capítulo 7, adéqua-se às modalidades de regularização fundiária, em particular, à REURB-S.

Apenas como mera observação, dentre as principais diferenças entre essas modalidades há que se destacar a obrigatoriedade (ou não) do pagamento de custas e de emolumentos, pois que na REURB-S é possível aplicar isenções, já na REURB-E, por exemplo, essa isenção não se aplica.

Para além dessas constatações, mister considerar que os municípios brasileiros estão se adequando às normas relativas à regularização fundiária. Como exemplo, o município mais populoso do país, São Paulo, por meio da Lei nº 17.734, de 11 de janeiro de 2022, regulamentou os procedimentos aplicáveis à Regularização Fundiária, nos termos da Lei Federal nº 13.465/2017.

Como dispositivos importantes é oportuno trazer os arts. 9º e 72 da Lei nº 17.734/2022:

> Art. 9º No caso de áreas públicas municipais, o órgão competente pela REURB poderá rescindir os títulos de Concessão de Uso Especial para Fins de Moradia – CUEM ou Concessão de Direito Real de Uso – CDRU, anteriormente outorgados aos seus moradores, com o objetivo de viabilizar as obras de urbanização do núcleo a ser regularizado.
>
> Art. 72. No caso de áreas públicas municipais, o Executivo Municipal poderá converter por ato unilateral, os títulos de Concessão de Uso Especial para fins de Moradia – CUEM ou Concessão de Direito Real de Uso – CDRU, anteriormente outorgados, em instrumento de legitimação fundiária, desde que o núcleo esteja devidamente dotado de infraestrutura e não apresente risco.

Da leitura de ambos os artigos é possível inferir que o instrumento da CUEM pode servir como meio para se garantir o direito à moradia, adaptando-se com o intuito de viabilizar empreendimentos amplamente difundidos no âmbito da regularização fundiária. Daí o entendimento de que o instrumento da CUEM é uma forma de concessão de título de regularização fundiária.

CAPÍTULO 4.
DA PROPRIEDADE EM GERAL

4.1. O direito de propriedade

Silva (2018, p. 70) leciona que o direito de propriedade "era tradicionalmente concebido como uma relação entre uma pessoa e uma coisa, de caráter absoluto, natural e imprescritível". Contudo, como bem arrazoa o citado autor, mais tarde verificou-se que essa teoria era absurda por diversos motivos, mas, em primeiro lugar, porque entre uma pessoa e uma coisa não pode existir relação jurídica, pois a relação jurídica só se opera entre pessoas.

Conforme iremos analisar, o direito de propriedade é um daqueles direitos que possibilitam discussões envolvendo a interseção entre os interesses privados e o interesse público, ou, ainda, entre o direito público e o direito privado. Daí o porquê, como explicamos em outra oportunidade (Alves, 2024), de o direito à propriedade estar assegurado como direito individual na Constituição da República, mas, ao mesmo tempo, permitindo também o controle pelo Estado na medida em que abrange interesses coletivos em torno da propriedade e sua relação com a política e a gestão urbanas.

A partir dessa consideração, Gediel e Corrêa (2015)[1] argumentam que a Constituição brasileira se apresenta como

---

1   O referido artigo foi acessado a partir da reprodução na *Revista dos Tribunais Online*, no qual a paginação difere daquela do material em sua publicação original. Por esse motivo, não é indicada a página onde se encontra a referida citação.

um instrumento de mediação política. Isso porque a livre-iniciativa (arts. 1º, VI, *in fine*, e 170 e ss.) e a garantia da apropriação privada de bens (art. 5º) convivem em uma tensão permanente com valores e direitos fundamentais de cunho social e coletivo, também preconizados na Constituição Federal.

Gediel e Corrêa (2015) afirmam que a dualidade que compõe o conteúdo da propriedade foi confirmada pelo § 1º do art. 1.228 do Código Civil (Brasil, 2002), convergindo com a orientação constitucional:

> Art. 1.228. O proprietário tem a faculdade de usar, gozar e dispor da coisa, e o direito de reavê-la do poder de quem quer que injustamente a possua ou detenha.
> § 1º O direito de propriedade deve ser exercido em consonância com as suas finalidades econômicas e sociais e de modo que sejam preservados, de conformidade com o estabelecido em lei especial, a flora, a fauna, as belezas naturais, o equilíbrio ecológico e o patrimônio histórico e artístico, bem como evitada a poluição do ar e das águas.

Caso fosse pautado apenas pelo *caput* do art. 1.228 do Código Civil, desconsiderando o princípio da função social, o direito fundamental à propriedade se aproximaria muito de uma concepção que considera tal direito como um direito absoluto. Mas, como podemos constatar, a propriedade está muito além da ideia de considerar apenas o poder jurídico concedido pela lei ao particular para usar, gozar, dispor e reaver determinado bem, conforme traz a legislação infraconstitucional à luz do Código Civil Brasileiro.

4.2. Conceito e natureza do direito de propriedade

Portanto, percebe-se, e é importante destacar, que a propriedade está relacionada a outros fatores que constroem uma sociedade e uma cidade mais justa, observando as necessidades da coletividade. Daí o direito de propriedade hoje estar diretamente relacionado à questão do direito à moradia, pois a moradia nos permite construir a noção de lugar, de identidade, do sentimento de pertença, onde a carga à subjetividade é significativa na relação entre sujeito e meio (Alves, 2024).

O conceito de identidade é importante nesse contexto, dada a relação que se estabelece entre os seres humanos e o espaço da vida, o cotidiano das relações sociais. Nesse sentido, o conceito de identidade nos faz recordar uma realidade muitas vezes esquecida ou ignorada em nosso cotidiano, a de que a identidade, conforme observa Milton Santos (2007, p. 14), se refere ao "sentimento de pertencer àquilo que nos pertence".

A partir dessa perspectiva, Fachin (1996, p. 1) defende que "enfrentar essa questão é mister imprescindível para colocar o direito rente à vida, a serviço desta e da realização de necessidades vitais". No entendimento do citado magistrado, significa ainda refletir sobre "o espaço que deve ser o lugar de vida, no qual a potencialidade dos indivíduos e das pessoas em conjunto se manifesta e se desenvolve, e não apenas um traçado horizontal de confinamento e desterro" (Fachin, 1996, p. 1).

Portanto, conforme expressam a Constituição da República Federativa do Brasil de 1988 e o Estatuto da Cidade, o instituto da propriedade tem como princípio basilar a função social da propriedade. Isso significa que o direito à propriedade não pode ser considerado como um direito absoluto, mas, sim, relativo, limitado.

Diniz (2021) esclarece que essa nova concepção de *direito de propriedade não tem um caráter ilimitado ou absoluto porque sofre limitações impostas pela vida em comum, pela vida em sociedade.* Com efeito, Alves (2024) afirma que essa concepção relacionada à propriedade era absolutista, exagerada e individualista, mas que persistiu regulando o direito de propriedade até o final do século XIX.

Consequentemente, tais direitos foram sendo questionados ao longo dos tempos, a partir da constatação de uma realidade social absolutamente diferente da que se poderia sonhar em realizar. Didier Junior (2008) contextualiza esse problema quando cita a grande miséria operária do início da Revolução Industrial, a má distribuição de renda, regida unicamente pelas leis de mercado, entre outros problemas.

Nesse diapasão, Gediel e Corrêa (2015) esclarecem que

> No Estado Social Democrático de Direito vigente no Brasil, os direitos individuais são preservados, podem ser exercidos no

espaço privado, mas é possível a intervenção estatal, inclusive por meio do Poder Judiciário, para conformá-los ao interesse público e social. Isso porque, nesse modelo, ao contrário do que se verificava no Estado de Direito Liberal clássico, a desigualdade material não é um problema externo à esfera estatal, uma vez que os efeitos dela decorrentes não devem ser enfrentados apenas pelo livre desenvolvimento das forças do mercado.

Alves (2024) analisa essa questão amparado na leitura da obra de Márcia Santos (1994), para quem a propriedade urbana deixou de ser exclusividade do direito civil, pois o direito de propriedade urbana trata de matérias que dizem respeito também ao direito administrativo e ao direito urbanístico, o qual disciplina o conteúdo da propriedade urbana. Já o direito administrativo disciplina as modalidades de intervenção do Estado na propriedade urbana (Santos, 1994).

Ante o exposto, temos como notório o fato de que o direito de propriedade não é absoluto, de modo que o poder público pode intervir no direito do particular, impondo a este a obrigação de a propriedade exercer função social, nos termos do § 2º do art. 182 da CRFB/1988. E é exatamente aqui que operam os instrumentos da política urbana, como reiteram Alves e Brandenburg (2018), visando à garantia ao pleno desenvolvimento das funções sociais da cidade e à consolidação de uma cidade mais justa, democrática e sustentável.

4.3. A função social da propriedade

Silva (2018) afirma que a propriedade sempre teve uma função social, a grande questão a ser discutida é em relação aos limites, às obrigações e aos ônus relativos à propriedade privada, no contexto da sociedade capitalista e das relações de produção, evitando abusos do particular que possam prejudicar os interesses coletivos.

Isso não significa que o legislador possa extinguir a instituição da propriedade privada, tampouco esvaziar a propriedade de seu conteúdo essencial mínimo (Silva, 2018). É nesse sentido que se torna imperativo, no que tange à propriedade, que se busque um equilíbrio, "que se compatibilize a autonomia privada, dos proprietários cuja terra não cumpre sua função social, com a solidariedade em prol dos despossuídos" (Bittencourt, 2014, p. 243).

No tocante à compreensão acerca do instituto da função social da propriedade, Souza Filho (2021, p. 123) leciona que tal instituto é na realidade aberto, isto é, deve ser complementado por um conteúdo legal específico e "está sempre relacionado à necessidade que as sociedades têm de terra e seus frutos" (Souza Filho, 2021, p. 123).

Alves (2024) esclarece que o fundamento constitucional que garante o direito à propriedade no ordenamento jurídico-constitucional brasileiro está no art. 5º, XXII, da CRFB/1988, que expressa que "é garantido o direito de propriedade" (Brasil, 1988). Contudo, esse direito se aplica observando-se também o art. 5º, XXIII, da CRFB, que dispõe que a propriedade atenderá sua função social.

Sobre o tema, Souza Filho (2021, p. 126) afirma que a ideia de função social da propriedade está ligada ao próprio conceito de direito, e mais precisamente ao bem, e não ao direito ou ao seu titular. Nas palavras do autor,

> quando a introdução da ideia no sistema jurídico não altera nem restringe o direito de propriedade, perde efetividade e passa a ser letra morta. Embora embeleze o discurso jurídico, a introdução ineficaz mantém a estrutura agrária íntegra, com suas necessárias injustiças, porque quando a propriedade não cumpre uma função social, é porque a terra que lhe é objeto não está cumprindo, e aqui reside a injustiça.

Nessa mesma toada, Bittencourt (2014, p. 242-243) faz alusão ao fato de que a propriedade privada "se concentra na mão dos detentores do poder econômico, de forma desproporcional", de modo que o acesso à terra (propriedade) representa um fator determinante na análise das desigualdades sociais, do direito à moradia e sobre o exercício do direito à cidade.

É nesse sentido que nos apropriamos da noção oferecida por Quadros (2021), que admite que, para assegurar a estabilidade das relações sociais, foram criadas duas engenharias: o Estado e o Direito. O desempenho do papel do Estado é considerado fundamental para que a propriedade cumpra sua função social, garantindo o Direito, na busca pela efetividade da norma jurídica (Alves, 2024).

Até aqui o leitor deve ter percebido que, ao discutirmos sobre o instituto ou o princípio da função social da propriedade, estamos tratando da própria existência, da validade e da eficácia da norma jurídica. Mas, precisamos esclarecer que para além da existência, validade e eficácia, há que se considerar também de sua efetividade. Essa é a tarefa sobre a qual iremos nos debruçar nas seções seguintes deste capítulo.

4.4. Eficácia e efetividade das normas constitucionais

Para tratarmos da divisão entre eficácia social e jurídica da norma, mister considerar a classificação sistemática adotada por José Afonso da Silva. A classificação foi publicada originalmente em 1967. Aqui apresentamos a versão contida na obra de Silva (1982), que traz a referida classificação agrupando as normas constitucionais, quanto à sua eficácia, em: a) normas constitucionais de eficácia plena; b) normas constitucionais de eficácia contida; e c) normas constitucionais de eficácia limitada.

Sobre a matéria, Temer (2001, p. 26) ensina que as normas de eficácia plena são aquelas de aplicabilidade direta e imediata, "independendo de legislação posterior para sua inteira operatividade". Aqui, consideremos o exemplo da norma do art. 1º da Carta Constitucional.

As normas de eficácia contida são aquelas que também têm aplicabilidade imediata, mas podem ter reduzido seu alcance pela atividade do legislador infraconstitucional. Desse teor, é comum encontrar como exemplo a norma do art. 5º, XIII, da CRFB/1988, que expressa que "é livre o exercício de qualquer trabalho, ofício ou profissão, atendidas as qualificações profissionais que a lei estabelecer".

Já as normas constitucionais de eficácia limitada são aquelas que dependem da emissão de uma normatividade futura, em que o legislador constituinte, por qualquer motivo, não estabeleceu normatividade suficiente, "deixando essa tarefa ao legislador ordinário ou a outro órgão do Estado" (Silva, 1982, p. 83).

A partir desse entendimento, podemos admitir que essa terceira classificação se aplica no caso da utilização do instrumento de desapropriação para fins urbanísticos, haja vista que a CRFB/1988 trata da política urbana, mas não instrumentaliza o procedimento de desapropriação. Para tanto, necessária a emissão de uma norma futura, que vem ao encontro do Estatuto da Cidade e da necessidade de legislação municipal específica, nos termos do § 4º do art. 182 da CRFB/1988.

De acordo com o dicionário Oxford Languages (2022a), o termo "eficácia" se refere ao poder ou qualidade de uma causa produzir determinado efeito. Para Zavascki (1994), a eficácia jurídica não é um termo unívoco e pode ser compreendido basicamente em dois sentidos, a saber:

a) No primeiro, pode ser entendido como fenômeno puramente normativo, em que a eficácia da norma jurídica se constata por meio da sua incidência, ou seja, pela aptidão que a norma jurídica tem para gerar efeitos no mundo jurídico.

b) Já no que concerne ao segundo sentido do termo em direito, eficácia designa a aptidão da norma jurídica para produzir efeito na realidade social, ou seja, para produzir, de forma concreta, condutas sociais compatíveis com as determinações ou os valores consagrados no preceito normativo (Zavascki, 1994; Alves, 2022).

Zavascki (1994) ressalta que a eficácia da norma jurídica é fenômeno que ocorre no mundo dos fatos, e não no plano puramente formal, por isso pode ser denominada também como "eficácia social" ou "efetividade". É por isso que, fazendo alusão à obra de José Afonso da Silva (1982), Alves (2022) destaca que uma norma pode ser juridicamente eficaz sem, no entanto, ser socialmente eficaz.

Em outras palavras, a possibilidade de a norma incidir não se confunde com a efetividade da norma. A partir do que já fora analisado, conclui-se que a efetividade da norma representa uma aproximação entre o dever-ser da norma e o ser-existir da realidade social.

CAPÍTULO 5.
O DIREITO À MORADIA COMO DIREITO HUMANO FUNDAMENTAL E SUA RECEPÇÃO NO DIREITO CONSTITUCIONAL BRASILEIRO.

5.1. Notas sobre a Teoria Geral dos Direitos e garantias fundamentais e a Teoria do Estado

Este capítulo inicia-se com o intuito de compreender a teoria geral dos direitos humanos e garantias fundamentais e sua evolução no ordenamento constitucional brasileiro. Em seguida, analisaremos a busca pela efetivação desses direitos e garantias fundamentais embebecida na Teoria Geral do Estado, tratando inicialmente de uma perspectiva de Estado liberal para depois seguirmos buscando compreender o Estado em uma perspectiva de Estado Social, de Estado de Direito, onde se pressupõe a existência efetiva de regras que permitem a gestão democrática de cidades, no contexto de socialização do Estado.

No contexto de socialização do Estado, e a partir de uma leitura mais contemporânea que envolve a participação social e o protagonismo das classes menos favorecidas nas transformações que o Estado enfrenta, o trabalho apropria-se dos estudos de Santos (2003), Wolkmer (2007) e, principalmente, de Novais (2006).

Importante destacar desde já que, nas suas relações internacionais, o Estado Brasileiro é regido pelo princípio da prevalência dos direitos humanos, nos termos do inciso II do art. 4º da CRFB/1988.

Isso significa que, em casos de afronta a esses direitos por um Estado, o Brasil pode apoiar a interferência em outros Estados a fim de impedir a continuação de situações que envolvem a violação de direitos humanos e de profunda degradação da dignidade humana. Nesses casos, como bem trazem Paulo e Alexandrino (2017), os direitos humanos fundamentais prevalecem à própria soberania nacional.

De modo geral, a doutrina geralmente definiu pela existência de três gerações distintas de direitos fundamentais. As mais clássicas de 1ª, 2ª e 3ª gerações, que tratam, respectivamente, dos direitos de liberdade, igualdade e fraternidade. Hoje, embora ainda não pacificado pela doutrina, fala-se até mesmo acerca da existência de uma 6ª geração de direitos fundamentais.

Os direitos fundamentais de 1ª geração são aqueles direitos que enfatizam o princípio da liberdade, representados pelos direitos civis e políticos. O surgimento dessa primeira geração tem origens na Revolução Francesa, de 1789, que trouxe profundas transformações nas sociedades ocidentais.

Antes da Revolução, o Estado absolutista e, sobretudo o Rei, determinava o grau de participação dos cidadãos na política do Estado. Com a Revolução, o princípio da liberdade passa a ter novo entendimento nas cartas constitucionais. Daqui emergem os direitos à propriedade, à liberdade, à vida, à liberdade de expressão, entre outros.

Paulo e Alexandrino (2017, p. 93-94) argumentam que os direitos fundamentais surgiram como normas que visavam limitar o poder de atuação do Estado, assim,

> os primeiros direitos fundamentais têm o seu surgimento ligado à necessidade de se impor limites e controle aos atos praticados pelo Estado e suas autoridades constituídas. Nasceram, pois, como uma proteção à liberdade do indivíduo frente à ingerência abusiva do Estado. Por esse motivo – por exigirem uma abstenção, um **não fazer** do Estado em respeito à liberdade individual – são denominados direitos negativos, liberdades negativas, ou direitos de defesa.

Na esfera de evolução dos direitos humanos encontramos o princípio da igualdade e, em particular, o direito à moradia, direito fundamental de segunda geração, foco dos direitos humanos fundamentais analisado também nesta obra. Analisaremos o processo histórico de reconhecimento do direito à moradia como direito humano fundamental no Direito Constitucional brasileiro na Seção 5.2 a seguir.

Por ora, consideremos, conforme ressalta Costa (2013), que o direito fundamental à moradia integra o rol dos direitos inerentes aos direitos sociais, econômicos e culturais de segunda geração de direitos que, para serem efetivados, necessitam da intervenção do Estado, bem como de poder pecuniário para assegurar a adequada implementação e a execução das políticas públicas relacionadas.

Mas, direito humano fundamental à moradia entendido aqui como algo que não se resume a uma casa, a um teto, perpassa também a infraestrutura conectada à moradia, a condição de acesso a outros direitos e, mais amplamente, à própria efetivação do princípio da dignidade humana, conforme veremos na Seção 5.3.

Posto isso, estabelecemos uma escolha pela terminologia direitos humanos fundamentais, em contraponto a uma forma segmentada que poderia considerar direitos humanos e garantias fundamentais.

A escolha pela terminologia direitos humanos fundamentais é adotada por entendermos que é adequada o bastante por não fazer distinção entre os direitos humanos e fundamentais, considerando os direitos fundamentais como indissociáveis dos direitos humanos (Ferreira Filho, 2016).

Ou seja, direitos humanos fundamentais entendidos como "direitos destinados a proteger o ser humano e a sua dignidade em todas as dimensões, incluindo os direitos individuais e políticos, econômicos, sociais e culturais e de solidariedade" (Maia, 2012, p. 268).

Nesse contexto, o direito humano fundamental à moradia se insere no amplo debate acerca da efetividade do princípio da dignidade humana, estabelecido como fundamento do Estado Democrático de Direito no Brasil, e expresso no inciso III do art. 1º da CRFB/1988.

Quando analisamos a discussão do direito humano fundamental à moradia, inevitavelmente, deparamo-nos com a necessidade de discutir sobre o papel do Estado na efetivação desse direito. Daí a necessidade de compreendermos de que Estado estamos tratando, a partir de qual teoria,

CAPÍTULO 5

formas de participação popular e de apropriação do direito como recurso de luta política e efetivação de direitos.

Por isso, a análise que se segue procura, ainda que de forma sucinta, tratar da Teoria Geral do Estado e das formas como a sociedade pode participar nas transformações sociais mais relevantes e que dizem respeito à efetivação do direito humano fundamental à moradia.

Inicialmente consideremos a perspectiva liberal de Estado, suas premissas e desdobramentos. Desde já, importante estabelecermos que, apesar das promessas trazidas com os ideais da Revolução Francesa, o Estado Liberal não conseguiu entregar a liberdade em sua plenitude, sequer reduzir as desigualdades.

Para Novais (2006, p. 182), foi dentro da própria dinâmica capitalista que surgiram as contradições envolvendo o conceito de "mão invisível" de autorregulação do mercado e, de maneira mais ampla, do pensamento liberal, pois que

> os mecanismos inerentes ao desenvolvimento da economia capitalista geraram as contradições estruturais e conjunturais da desagregação deste quadro, através da passagem inelutável para a concentração e centralização do capital e o controlo monopolístico dos mercados, tais tendências, ao mesmo tempo que patenteavam o anacronismo da concepção liberal de uma sociedade auto-regida de produtores livres e iguais, eram acompanhadas do envolvimento dos agentes econômicos e dos próprios Estados nacionais numa concorrência desenfreada prenunciadora da recessão e da crise global que afectaria todo o sistema.

Não por acaso, a Primeira e a Segunda Guerras Mundiais representam o produto natural de um sistema dilacerado pelas próprias contradições, que, na visão de Novais (2006, p. 182), culminaram na inobservância de duas condições indispensáveis para viabilizar o Estado liberal: "a possibilidade de continuar a produzir lucros que garantissem um fundo permanente de excedente social de riqueza e um consenso das forças intervenientes na vida política em torno das questões fundamentais".

Como se sabe, os lucros não foram revertidos para gerar a melhoria da qualidade de vida do trabalhador e de reconhecimento de sua dignidade como ser humano e também no processo produtivo. Em contrapartida, surgem manifestações no sentido de contestar a não participação das classes menos favorecidas no processo político em torno da efetivação dos princípios de igualdade e de liberdade.

Na perspectiva de Sahid Maluf (2010, p. 131), eram anti-humanos os conceitos liberais de liberdade e igualdade: "Era como se o Estado reunisse num vasto anfiteatro lobos e cordeiros, declarando-os livres e iguais perante a lei, e propondo-se a dirigir a luta como árbitro, completamente neutro". Não era o caso de afirmar que o Estado não intervinha no interesse de particulares, pelo contrário, participava mantendo-se inerte aos graves problemas sociais.

A forma de agir ou de se omitir do Estado nessas condições gerou implicações muito importantes para a vida das pessoas que se concentravam sobretudo nas cidades, atraídas pelas oportunidades que a Revolução Industrial supostamente traria para os trabalhadores.

O Estado liberal era incapaz de prover as necessidades da sociedade como um todo. Os pressupostos liberais precisavam superar as possibilidades teóricas, a mera retórica e consagração constitucional. Era necessário distribuir melhor o produto social, integrando as camadas populacionais marginalizadas.

Assim, o período pós-Segunda Guerra apresentava um cenário no qual o Estado Liberal deveria ser repensado, impondo-se a necessidade de se admitir que o Estado deveria ter como objetivo a promoção da justiça social, visando integrar as classes menos favorecidas nos processos de industrialização e urbanização que o Estado Liberal promoverá entre os séculos XVIII, XIX e início do século XX.

É nesse contexto de integração social ou de surgimento do novo princípio de socialidade que o Estado passa agora a ser revestido sob o manto do Estado Social (Novais, 2006), entendido aqui como um dever a ser cumprido pelo Estado, responsabilizando-se pela prestação de serviços públicos de interesse geral, necessários à existência humana.

Essa nova forma de entender o Estado, como um Estado social, tem sua influência na obra do jurista Ernest Forsthoff, que concebeu suas ideias nas décadas de 1930 e 1940, a partir do contexto dos Direitos Administrativo e Constitucional alemão.

Forsthoff propõe uma nova compreensão do papel do Estado. Suas ideias foram amplamente divulgadas com a publicação *The Administration as a Service Provider*, publicado em Königsberg, em 1938, de onde desenvolve o conceito de *Daseinsvorsorge*, que aqui traduzimos de forma livre como serviços públicos de interesse geral.

Até então, os Direitos Administrativo e Constitucional alemães só conheciam a administração de intervenção (*Eingriffsverwaltung*), uma forma clássica de agir do Estado apenas quando necessário para evitar o perigo e impor obrigação aos particulares, usando até mesmo meios coercitivos no exercício do poder de polícia do Estado. Forsthoff amplia essa compreensão para uma administração pública que deve intervir a partir da prestação de serviços públicos de interesse geral, visando o bem-estar geral da população.

Essa nova forma de agir do Estado vai caracterizar as bases da formação de um Direito Administrativo também no Estado brasileiro, haja vista que esse ramo do Direito é muito sensível às mudanças políticas, sociais e econômicas. Considerando essa abordagem a partir de uma compreensão do Direito Administrativo como saber histórico, Mesurini (2016, p. 64) trata dessa questão afirmando que

> o direito administrativo nasceu sob as asas do Estado de Direito liberal. No anterior Estado de polícia, pautado pela razão de Estado absolutista, era impensável a existência do direito administrativo, que pressupõe limites jurídicos ao poder. Daí que o modelo liberal forneceu as condições de possibilidade para o florescimento do direito administrativo, tais como a separação dos poderes, os limites jurídicos à administração e a proteção da liberdade individual.

Portanto, a relevância dos serviços públicos de interesse geral (perspectiva da *Daseinsvorsorge*) resulta em uma alteração substancial das relações entre Estado e cidadão. Na perspectiva de Novais (2006), isto não significa que anteriormente o Estado não se encarregasse da prestação de condições de existência (a condução da água, a limpeza das cidades etc.), mas que, no Estado social, se admite "uma passagem da quantidade à qualidade".

O problema das condições de existência vital do homem transforma-se em problema social, exigindo soluções supraindividuais, não apenas para aqueles indivíduos mais carentes, pois a redução do espaço vital dominado atinge todos os grupos e classes sociais.

Aqui, cabe-nos abrir um parêntese na análise e trazer o conceito de espaço vital, explorado na obra de Forsthoff. Não porque seja um conceito que abarca as dimensões do espaço vital dominado e efetivo, trazido na obra do autor alemão. Mas, principalmente, porque se remete à importante obra de Friedrich Ratzel, outro alemão, geógrafo, nascido no século anterior ao de Forsthoff e que cunhara o conceito de espaço vital.

O espaço vital na perspectiva Ratzeliana pode ser entendido como um organismo vivo, pois o Estado, assim como o organismo, pode expandir-se, contrair-se, viver, prosperar, decair e morrer como seres vivos (Alves, 2015). Essa noção de Estado traz consigo os conceitos de território, nação e poder soberano, que não apenas dão um caráter dinâmico ao organismo (Estado), mas também nos permitem reunir as definições de Queiroz Lima e de Clóvis Beviláqua, presentes na obra de Maluf (2010), sobre o conceito de Estado.

Para Queiroz Lima, o Estado é a nação politicamente organizada. Já em Clóvis Beviláqua, o Estado é um agrupamento humano, estabelecido em determinado território e submetido a um poder soberano que lhe dá unidade orgânica. Assim, o Estado é produto e representação do grau de vinculação entre o povo (nação) e o território (solo ou base física ou geográfica da nação), submetidos a um poder soberano que lhes confere unidade orgânica. Parêntese fechado, voltemos à análise da emergência do Estado social no pós-Segunda Guerra.

Conclui-se da passagem do Estado liberal para o Estado social que, atualmente, o Estado deve procurar garantir as necessidades básicas da sociedade, desde a prestação de serviços tradicionais (p. ex., água, eletricidade, segurança) à redistribuição da riqueza, um conjunto de prestações sociais tendentes a garantir uma vida digna (educação, saúde, moradia etc.). Assim, conforme argumenta Novais (2006), "avultam agora, os chamados direitos sociais indissociáveis das correspondentes prestações do Estado."

Analisando essa nova forma de agir, de desempenhar funções e de prestar serviços do Estado, a academia tem procurado compreender essa nova realidade a partir da proposição de uma multiplicidade de designações (Novais, 2006, p. 187). Assim, Estado social ou a socialização do Estado vêm sendo associados ao *Welfare State*, mais precisamente ao Estado

CAPÍTULO 5

assistencial e Estado-providência, ao Estado de partidos, ao Estado de associações, ao Estado administrativo, entre outros.

Com essas considerações em mente, é possível trazer essa discussão agora para o contexto nacional. A obra de Paulo e Alexandrino (2017) é útil nesse sentido porque nos auxilia a compreender o Estado brasileiro e suas principais características. Segundo os autores, o art. 1º da CRFB/1988 resume a um só tempo, e em uma única sentença, as características mais essenciais do Estado brasileiro, afirmando que:

> trata-se de uma federação (forma de Estado), de uma república (forma de governo), que adota o regime político democrático (traz ínsita a ideia de soberania assentada no povo); constitui, ademais, em Estado de Direito (implica a noção de limitação do poder e de garantia de direitos fundamentais aos particulares). Todas essas noções nucleares acerca da estrutura do Estado e do funcionamento do poder político encontram-se assim sintetizadas (Paulo; Alexandrino, 2017, p. 87).

Mas, nem sempre esse foi o entendimento, haja vista que o Estado brasileiro também teve experiências que poderiam caracterizá-lo como um Estado liberal, cujas características abarcam a economia de mercado, a intervenção mínima do Estado na economia e na vida dos cidadãos, e o direito de propriedade entendido como Direito Absoluto do proprietário.

No Estado brasileiro, o Código Civil de 1916 representa bem o caráter liberal no início do século XX. Basta um breve revisitar ao nosso Código Civil de 1916, em particular aos arts. 524, 525 e 527, que logo nos deparamos com características de um Estado liberal, onde a propriedade era entendida como um direito pleno, absoluto e ilimitado do particular. Assim expressavam os citados dispositivos:

> Art. 524. A lei assegura ao proprietário o direito de usar, gozar e dispor de seus bens, e de reavê-los do poder de quem quer que injustamente os possua.
> Art. 525. É plena a propriedade, quando todos os seus direitos elementares se acham reunidos no do proprietário; limitada, quando tem ônus real, ou é resolúvel.

> Art. 527. O domínio presume-se exclusivo e ilimitado, até prova em contrário.

Superando uma visão de Estado liberal, o Estado Democrático de Direito, e, em um refinamento desse entendimento, o Estado Social e Democrático de Direito compreende uma visão em que o Estado precisa intervir na vida dos cidadãos, regulando interesses diversos e assegurando a efetividade dos direitos humanos e fundamentais.

Daí decorrem importantes transformações na sociedade promovidas com a forte participação do Estado, materializadas na Constituição Cidadã, de 1988, e no Estatuto da Cidade, de 2001. A partir daí percebe-se que o Código Civil em vigência, o de 2002, também precisa se adequar ao novo Estado Democrático de Direito.

Assim, o § 1º do art. 1.228 do atual Código Civil vai considerar, por exemplo, que o direito de propriedade não é absoluto, pois precisa ser exercido em consonância com suas finalidades sociais. O § 3º do mesmo artigo dispõe que o proprietário pode ser desapropriado por necessidade, utilidade pública ou interesse social.

> Art. 1.228. O proprietário tem a faculdade de usar, gozar e dispor da coisa, e o direito de reavê-la do poder de quem quer que injustamente a possua ou detenha.
> § 1º O direito de propriedade deve ser exercido em consonância com as suas finalidades econômicas e sociais e de modo que sejam preservados, de conformidade com o estabelecido em lei especial, a flora, a fauna, as belezas naturais, o equilíbrio ecológico e o patrimônio histórico e artístico, bem como evitada a poluição do ar e das águas. [...]
> § 3º O proprietário pode ser privado da coisa, nos casos de desapropriação, por necessidade ou utilidade pública ou interesse social, bem como no de requisição, em caso de perigo público iminente.

Esses avanços normativos sugerem um novo entendimento de Estado, um Estado que atua ou intervém na vida das pessoas e da economia, visando a justiça social, a equidade, a efetivação do princípio da dignidade humana e da função social da propriedade.

CAPÍTULO 5

Na perspectiva de Novais (2006), o sentimento jurídico emergente no século XX, no Brasil, sobretudo no último quarto deste mesmo século, a garantia dos direitos fundamentais e a tutela da autonomia individual passam a exigir uma postura diferente do Estado. Essa postura deveria ser adotada a partir do reconhecimento de fundamentos e princípios pautados na dignidade da pessoa humana, e não no Direito absoluto e na conservação da propriedade burguesa caracterizada durante o Estado liberal.

Essa é a perspectiva do emergente Estado constitucional, do Estado Social e Democrático de Direito. Isso vale dizer que o Estado Social, oriundo dos desdobramentos e falhas do Estado liberal, só poderia ser efetivado a partir da via democrática. Nesse sentido compreende-se por que Miguel Reale afirma que, para entender o Direito, é necessário entender o Estado, o ambiente social e político do território.

Novais (2006) vai argumentar que tal caracterização do Estado Social de Direito pressupõe a existência efetiva das regras de democracia política (livre eleição, pluralismo partidário, direito de oposição, alternância democrática etc.), bem como de direitos de participação política, seja ela partidária ou não partidária, sem quaisquer discriminações. Nestes termos, o Estado Social de Direito é indissociável da estruturação democrática do Estado, e de uma verdadeira democracia política.

Nos termos de Wolkmer (2007), é por meio dessa pluralidade que emergem novas práticas participativas, de sujeitos políticos (associações, organizações da sociedade civil, entidades não estatais, movimentos sociais, entre outros) e também da instituição de novos direitos, sobretudo em função da incapacidade estrutural do Estado de atender as demandas coletivas nas cidades.

Em uma perspectiva mais associada à obra de Sen e Bottmann (2011), ainda que não desenvolvida no âmbito da teoria crítica, de certo que o Estado pode e deve intervir, promover a efetividade de diretos pela elaboração e implantação de políticas públicas. Mas, também, pela promoção das capacidades e liberdades dos sujeitos visando a qualidade de vida, a justiça social e a efetivação de direitos.

É nesse contexto que os movimentos sociais passam a exercer o papel de protagonistas, assim como ocorre com os movimentos sociais em luta pela moradia, como bem discute Gohn (1991) a partir do olhar para os problemas envolvendo a efetivação do direito de moradia no território paulistano. De acordo com a citada autora,

> entramos numa nova era de fazer política. Uma política para as massas que passa pela manifestação e expressão destas através das organizações e movimentos. O Poder Legislativo se reabilita enquanto espaço de construção dos novos direitos. O Judiciário passa a ser uma instância regularizadora das relações sociais, especialmente entre aqueles que buscam e lutam pela diminuição das desigualdades e injustiças sociais (Gohn, 1991, p. 15).

A partir desse entendimento, os movimentos sociais, a sociedade civil organizada e os grupos políticos não necessariamente partidários podem se apropriar do direito como instrumento de emancipação social, não necessariamente sancionadas pelo Estado, embora as instituições do Estado também possam servir para regularizar as relações sociais (Santos, 2003).

Há consenso, porém, de que sem luta política e ação estratégica é impossível a emancipação superar a dominação da classe oprimida. Na relação entre emancipação e opressão, Polli (2018) realiza um trabalho que estabelece um diálogo entre o pensamento do educador brasileiro Paulo Freire e o do filósofo alemão Jürgen Habermas.

Para Polli (2018, p. 14), Freire e Habermas compartilham da ideia de que "nos horizontes da comunicação humana seja possível a superação da insensibilidade de muitos frente aos processos de dominação". Na visão de ambos os pensadores, faz-se necessário estarmos atentos "aos mecanismos democráticos, institucionalizar práticas democráticas, inclusive com a contribuição dos processos formais e informais de educação, para superar os limites históricos" (Polli, 2018, p. 14).

O pensamento de ambos está diretamente relacionado à pauta que envolve o direito à moradia como condição para o exercício de outros direitos fundamentais, tais como o direito à educação, à saúde, à segurança, à qualidade de vida, ao meio ambiente ecologicamente equilibrado etc. Deste modo, possuem estreita relação com a análise empírica conduzida junto à Comunidade Portelinha, conforme exploramos de forma exemplificativa no primeiro capítulo deste livro.

CAPÍTULO 5

5.2. Evolução e positivação do direito à moradia como direito humano fundamental no Direito Constitucional Brasileiro

Nesta seção, consideram-se o exame da evolução e o reconhecimento do direito humano fundamental à moradia e de recepção deste direito no ordenamento jurídico do Estado Constitucional Brasileiro.

Desde logo, destaca-se que uma compreensão acerca de em qual momento histórico poderia ter surgido a preocupação com o direito de moradia pode nos levar a uma análise que considera a relação com os espaços de abrigo e proteção desde os períodos mais remotos da Antiguidade. Mas, apesar de interessante, tal esforço nos renderia muitas horas de pesquisa sobre o tema, impedindo, quiçá, de se concluir a tarefa aqui proposta e que fora colocada a partir dos objetivos propostos nesta obra.

Assim, inicia-se com uma aproximação que considera a declaração dos direitos do homem e do cidadão, de 1789, como um documento basilar na compreensão entre o direito de propriedade e sua relação com o direito de moradia, nos termos dos arts. 2º e 17 da citada declaração.

O art. 2º trata a propriedade como um direito natural e imprescritível, senão vejamos: "Art. 2º O fim de toda a associação política é a conservação dos direitos naturais e imprescritíveis do homem". Esses Direitos são a liberdade, a propriedade, a segurança e a resistência à opressão.

Já o art. 17 trata não apenas de uma concepção de propriedade como um direito inviolável e sagrado, como também abre espaço para uma interpretação no sentido de considerar a defesa de uma espécie de embrião do que mais tarde seria conhecido como o princípio da função social da propriedade.

Inclusive, o art. 17 deixa claro também que o proprietário pode ser privado do direito de propriedade caso haja necessidade pública legalmente comprovada, sugerindo a aplicação de um instrumento que mais tarde viria a ser conhecido pelo ordenamento jurídico brasileiro como o instrumento de desapropriação.

Tamanha a importância desses dispositivos legais, que nos permitem elaborar uma compreensão acerca dos primórdios na construção do direito de moradia à luz da declaração dos direitos do homem e do cidadão, de 1789. Além disso, sugerem também serem o embrião do instrumento de desapropriação, e do princípio da função social da propriedade, que posteriormente passariam a ter enorme peso nos julgados proferidos em torno da efetivação do direito humano fundamental à moradia.

Avançando um pouco na história e trazendo a análise para um recorte mais recente da história contemporânea, Lisboa (2022) admite que, no âmbito internacional, foi no art. 25 da Declaração Universal dos Direitos Humanos (DUDH), de 1948, que se reconheceu de forma embrionária o direito à moradia.

> Art. 25. Toda pessoa tem direito a um nível de vida suficiente para lhe assegurar e à sua família a saúde e o bem-estar, principalmente quanto à alimentação, ao vestuário, ao alojamento, à assistência médica e ainda quanto aos serviços sociais necessários, e tem direito à segurança no desemprego, na doença, na invalidez, na viuvez, na velhice ou noutros casos de perda de meios de subsistência por circunstâncias independentes da sua vontade.

Em 1976, foi realizada a Conferência das Nações Unidas sobre assentamentos humanos, 0na cidade de Vancouver, no Canadá. Tal evento ficou conhecido como Habitat I, da Agenda Urbana das Nações Unidas para Assentamentos Humanos. O foco das discussões na conferência incidiu sobre as políticas habitacionais para grupos vulneráveis.

Também em 1976 entrou em vigor o Pacto Internacional dos Direitos Econômicos, Sociais e Culturais, trazendo no seu bojo o art. 11, onde os países signatários reconhecem o direito de toda pessoa a um nível adequado de moradia para si próprio e sua família.

Na ECO-92, realizada no Brasil, estabeleceu-se que a habitação sadia é imprescindível para o bem-estar da pessoa humana. Quatro anos depois, em 1996, na cidade de Istambul (Turquia), a ONU coordenou a 2ª Conferência sobre Assentamentos Urbanos, já com foco no desenvolvimento urbano e sustentável, também conhecido como Habitat II.

Seguindo a agenda bidecenal, em 2016, as Nações Unidas se reuniram novamente na cidade de Quito, no Equador, para revigorar o compromisso global com a urbanização sustentável, focando na implementação de uma Nova Agenda Urbana, o Habitat III.

CAPÍTULO 5

No Brasil, a efetividade pelo direito à moradia é uma questão debatida há muitas décadas no Direito Constitucional. Em um recorte mais contemporâneo, definiu-se o direito social à moradia como direito fundamental por meio da Emenda Constitucional (EC) nº 26, de 2000, inserindo no rol dos direitos sociais o direito fundamental à moradia, somando-se a outros direitos sociais já consolidados, como o direito à educação, o direito à saúde, o direito à segurança, o direito à previdência social, e outros (Lisboa, 2022). De tal modo, o direito à moradia como um direito fundamental possui ampla previsão no ordenamento jurídico brasileiro, compondo o rol dos direitos sociais contidos no art. 6º da CRFB/1988.

Na questão jurisdicional, Santos *et al.* (2022) também reiteram que o direito à moradia é um dos direitos humanos que foram recepcionados pela Constituição, existindo vasta legislação protegendo esse direito, e o próprio Poder Judiciário tem recepcionado esse avanço normativo, como bem se observa na jurisprudência do TJPR e do STJ.

No tocante às novas rodadas de positivação do direito à moradia no ordenamento jurídico brasileiro, destaca-se outra importante emenda constitucional. Em 2004, com a aprovação da EC nº 45, a eficácia do direito fundamental à moradia ganha força no plano nacional, reconhecendo que os tratados e as convenções internacionais sobre direitos humanos que forem aprovados no Congresso Nacional, em dois turnos, por três quintos dos votos dos respectivos membros, serão equivalentes às emendas constitucionais.

Assim, tal norma foi positivada na Constituição, com a inserção do § 3º no art. 5º da CRFB/1988, parágrafo esse oriundo da aprovação da referida emenda, estabelecendo a internalização do direito fundamental à moradia como direito humano no ordenamento jurídico brasileiro.

O avanço, com a inserção do § 3º no art. 5º da CRFB/1988, é notório. Mas os avanços não pararam por aí na chamada Constituição cidadã, ela também trouxe um capítulo à parte para tratar especificamente da política urbana, surgindo daí os arts. 182 e 183 da CRFB/1988.

A partir daí destaca-se o peso que se atribui ao princípio da função social da cidade e da propriedade, privilegiando uma noção de cidade que deve estar atenta para os interesses coletivos, na efetivação do direito à cidade para todos.

É por isso que no ordenamento jurídico brasileiro se observa inicialmente o fundamento constitucional que garante o direito à propriedade, contido no art. 5º, XXII, da CRFB/1988, e que expressa que "é garantido o direito de propriedade". No entanto, esse direito se aplica observando-se também o art. 5º, XXIII, da CRFB/1988, que dispõe que a propriedade deverá atender sua função social.

À guisa desses avanços, eis que se torna oportuno dizer que, com o advento de uma política urbana, se fez necessária a regulação desta política com o surgimento de uma norma infraconstitucional, que surgiu em 2001 – estamos nos referindo ao Estatuto da Cidade.

Na perspectiva da efetividade do direito fundamental à moradia, mister destacar a importância do Estatuto da Cidade (Lei nº 10.257, de 2001), que tem por objetivo ordenar o pleno desenvolvimento das funções sociais da cidade e garantir o bem-estar de seus habitantes.

Como forma de garantir que a propriedade urbana cumpra com sua função social, o Estatuto da Cidade faz uso de institutos jurídicos e políticos, surgindo daí vários instrumentos de política urbana que podem ser utilizados para efetivar o direito fundamental à moradia e princípios constitucionais correlatos.

Dentre esses instrumentos, é possível citar o IPTU progressivo no tempo, aumentando a alíquota do imposto para proprietários de imóveis que não conferem à propriedade função social; o instrumento de desapropriação para fins urbanísticos, quando a propriedade urbana não cumpre sua função social, entre outros instrumentos que trazem em seu bojo a possibilidade de efetivar os princípios constitucionais da função social da cidade, da propriedade e da dignidade humana.

Obviamente, a eficácia da norma é uma questão importante, sua efetividade, porém, faz emergirem discussões ainda mais acaloradas. Canotilho (2010), por exemplo, trata das dificuldades de efetivação dos direitos fundamentais sociais, da capacidade das Constituições dirigentes para não apenas conterem normas, mas também para dirigirem programas e ações a serem concretizados pelos poderes públicos.

Nesse sentido, o jurista português afirma que, embora tenha sido reconhecido que "o Estado, os poderes públicos e o legislador estão vinculados a proteger e a garantir as prestações existenciais, a doutrina e a jurisprudência abraçaram uma posição cada vez mais conservadora" (Canotilho, 2010, p. 12).

Para o jurista português, esse conservadorismo irá reverberar, inclusive, em uma espécie de negligência ou, ainda, invisibilidade ao direito dos pobres, e das desigualdades fáticas e jurídicas que os afligem (Canotilho, 2010). De tal modo, o reconhecimento e a positivação do direito à moradia como direito humano fundamental no Direito Constitucional Brasileiro "requer[em] um olhar para os pobres" (Canotilho, 2010, p. 34).

A efetivação da norma perpassa o trabalho e a competência exercida pelos diferentes poderes: Legislativo, Executivo e Judiciário. A partir da análise da obra de Canotilho, Guedes (1995) destaca que a norma jurídica só poderá efetivamente auferir normatividade por meio de decisão vinculada, seja pelo legislador (por meio de ato legislativo), pelo gestor (por meio de ato administrativo) ou, ainda, pelo Judiciário (via sentenças proferidas pelos tribunais).

Assim, Guedes (1995) destaca que a efetivação da norma possui relação direta com a ação ou decisão que transforma a realidade socioespacial, que transforma as relações jurídicas, as relações entre as instituições, entre as pessoas e, destas, com o meio. Cabe dizer que a efetivação da norma, a partir desse entendimento, significa admitir inicialmente a existência, em menor ou maior grau, da concretização da Constituição, segundo o conceito adotado por Canotilho (1982).[2]

De um lado, é fato que a legislação impõe a efetivação do direito à moradia. De outro, a União, por sua vez, parece muitas vezes atribuir essa função principalmente ao ente municipal, que possui menor capacidade econômica de resolver o problema, que não é apenas econômico. Nestes casos, o problema em torno da efetivação do direito de moradia ou da efetivação das políticas públicas de modo geral vai parar no Judiciário.

Ocorre que o Judiciário vem firmando posicionamento no sentido de não decidir diretamente sobre políticas públicas, mas, sim, de apontar as

---

2   Guedes (1995) apresenta o conceito de concretização adotado por Canotilho, para quem "concretizar a Constituição traduz-se, fundamentalmente, no processo de densificação de regras e princípios constitucionais. Densificar significa preencher, complementar e precisar o espaço normativo de um preceito constitucional, especialmente carecido de concretização, a fim de tornar possível a solução por esse preceito, dos problemas concretos".

finalidades a serem alcançadas e determinar à administração pública que apresente um plano de ação para alcançar os resultados pretendidos. O tema foi tratado no julgamento do Recurso Extraordinário (RE) nº 684.612, com repercussão geral (Tema nº 698), na sessão virtual encerrada em 30.06.2023 (STF, 2023).

Sobre esse tema, Martins e Martins (2023) chamam a atenção para a tarefa a ser desempenhada pelos legisladores e administradores públicos ao considerarem as possibilidades de resolução de problemas ligados à efetivação do direto à moradia digna.

Analisando o REsp. nº 1.930.735-TO, de relatoria da Ministra Regina Helena Costa (Info 767), Martins e Martins (2023) argumentam que, em 28.02.2023, o STJ decidiu que o Poder Judiciário, na análise de iniciais de desapropriação de utilidade ou necessidade pública, ou ainda interesse social, para desapropriar imóveis, o Município, já na petição inicial, deve demonstrar que fez previsão orçamentária para tal ato administrativo.

A discussão trazida por Martins e Martins (2023) alerta para a necessidade de os municípios terem previsão orçamentária no plano plurianual, na LDO e na LOA para a execução dos atos administrativos que envolvem a efetivação do direito à moradia, sobretudo quando se fazem necessárias a desapropriação de imóveis, a reintegração de posse a realocação de pessoas.

Essas considerações estão diretamente relacionadas com a análise que trata da efetivação da CUEM como instrumento de política urbana. Conforme vimos no capítulo 1, a partir da análise da Comunidade Portelinha, qualquer remoção de pessoas ou desocupação forçada das casas pode acarretar desdobramentos indesejáveis para os envolvidos, para as comunidades, para as forças policiais, para crianças e jovens, e para a própria administração pública municipal.

De tal modo, o ato administrativo da administração pública municipal deve prever com antecedência a verba necessária para conduzir o processo assegurando a dignidade da pessoa humana e a efetivação do direito à moradia, minimizando os riscos que porventura poderiam surgir com a simples tomada de decisão sem que essas condições e direitos sejam previamente considerados.

É importante destacar que, ao se analisar o direito à moradia, as questões em torno da função social da propriedade, das desapropriações, reintegrações de posse, entre outras medidas, requer um olhar multidimensional acerca dos problemas envolvidos e da efetivação dos direitos fundamentais.

Por exemplo, em uma reintegração de posse, para onde iriam as pessoas a serem removidas? Para além da existência de orçamento anual previsto para a execução dos atos administrativos, como assegurar a dignidade humana daqueles que são desterritorializados?

Utiliza-se aqui o conceito de desterritorialização para expressar aquilo que Souza (2013) define como

> um processo que envolve o exercício de relações de poder e a projeção dessas relações no espaço [...]. Aliás, envolve, não raramente, também o uso da violência, como exemplificado por [...] remoções de favelas, despejo de famílias sem-teto de ocupação, expulsão de vendedores ambulantes pelas forças de ordem, e assim sucessivamente.

Percebe-se, portanto, que as questões envolvendo o direito à moradia nos impõem uma reflexão mais profunda acerca do processo histórico de reconhecimento e positivação deste direito no Direito Constitucional brasileiro. Impõe-nos uma reflexão envolvendo visões de mundo, de sociedade, de humanidade, de direito, de território e de territorialidades.

Como bem dizia Santos (1999), o território é muito mais do que um pedaço de terra, um chão no qual se pode pisar e subsistir. Território envolve identidade, envolve sentimento de pertença a um lugar, o reconhecimento do direito de viver dignamente no espaço que construímos para nós mesmos, e, a partir dele, nos construirmos e reconstruirmos continuamente. Para Santos (1999, p. 8),

> o território não é apenas o conjunto dos sistemas naturais e de sistemas de coisas superpostas. O território tem que ser entendido como o território usado, não o território em si. O território usado é o chão mais a identidade. A identidade é o sentimento de pertencer àquilo que nos pertence. O território é o fundamento do trabalho, o lugar da residência, das trocas materiais e espirituais e do exercício da vida.

Portanto, as questões em torno do direito à moradia não se limitam apenas às dimensões econômica, social, cultural e natural do território. Elas impactam na forma de pensar e construir o direito das pessoas à cidade. Talvez, e mais importante ainda, impactam no próprio planejamento e gestão de cidades.

Não por acaso, determinados gestores, receosos de suas decisões, deixam de realizar atos administrativos ou protelam a tomada de decisão quando possível, e em casos de dúvida quanto ao procedimento, justamente para não incorrer em crimes contra a administração pública, ou sofrer as sanções aplicáveis em virtude de supostas práticas tratadas na Lei nº 14.230, de 2021, que dispõe sobre a improbidade administrativa.

Por isso, ainda que se tenha em mente o imperativo da efetivação do direito humano fundamental à moradia, o chamado "apagão das canetas" é uma realidade que afronta até mesmo aqueles bem intencionados e comprometidos com a causa pública.

Para Gullo (2022, p. 19), citando M. H. A. M. dos Santos (2020), o apagão das canetas, ou também chamado de direito administrativo do medo, "é uma espécie do gênero das estratégias de fuga da responsabilização da improbidade administrativa, cuja reflexão se debruça sobre os riscos da atividade política em face de sua eventual responsabilização". Ou, ainda, cuja finalidade é "desviar a responsabilidade do gestor por intermédio de estratégias escolhidas com o intuito de evitar as consequências políticas e jurídicas da responsabilização" (Gullo, 2022, p. 19).

No tocante à efetivação do direito à moradia, uma hipótese bastante plausível seja justamente por esse motivo que as prefeituras, as administrações públicas municipais, os prefeitos, os servidores, entre outros, deixem sob malhete a tomada de decisão sobre efetivar ou não tal direito, a partir deste ou daquele instrumento de política urbana, preocupados com possíveis revisões judiciais ou mesmo por se depararam com a necessidade de responder administrativa e/ou judicialmente perante as decisões tomadas.

Por esse motivo, como diria Gullo (2022, p. 20), guardadas as devidas proporções, isso causa "uma postura conservadora dos administradores públicos, dificultando que a administração aja pelo bem coletivo da forma mais eficiente possível".

Isso posto, na seção seguinte vamos nos debruçar sobre o princípio da dignidade humana e do direito fundamental à moradia, como forma de buscar compreender não apenas a importância do princípio da dignidade humana na efetivação do direito humano fundamental à moradia, mas também de contextualizar a análise seguinte, que versará sobre o instrumento de CUEM.

5.3. O princípio da dignidade humana e o direito fundamental à moradia

Ainda que de maneira implícita, uma das principais inquietações e motivações para essa pesquisa foi a tentativa de buscar compreender a importância do princípio da dignidade humana na efetivação do direito humano fundamental à moradia.

Optou-se por conduzir essa análise a partir de uma perspectiva kantiana, seja pela comemoração dos 300 anos de seu nascimento, celebrado em 2024, ou mesmo pela influência de sua obra no tocante à noção de dignidade que, conforme veremos, possui estreita relação com a efetivação do direito humano fundamental à moradia. A partir dessa observação, é importante ressaltar desde já que o referencial kantiano é utilizado para referir-se, de forma bastante sucinta, à relação entre dignidade e moradia, sem adentrar profundamente na obra do filósofo alemão.[3]

Balthazar e Stobe (2013, p. 510) argumentam que na perspectiva Kantiana "pode-se definir o conteúdo da dignidade como emergente do cerne do gênero humano, a partir de duas máximas kantianas: tratar a pessoa como fim e nunca como meio e assegurar-lhe as necessidades vitais".

Daí o imperativo categórico contido na lei fundamental da razão prática pura em Kant, "aja de modo que a máxima de sua vontade possa sempre valer ao mesmo tempo como princípio de uma legislação universal" (Kant, 2016, p. 49).

Nesse contexto, como bem destacam Seffrin e Genci (2017), é evidente que Kant entendeu a dignidade da pessoa humana como algo que vai muito

---

3   Ainda que se faça essa ressalva ao leitor acerca da limitação da análise neste ponto, é importante destacar ainda que Kant não é unanimidade, e sua análise é criticada por conter uma suposta superioridade racial, dotada de um caráter racista de seu pensamento (Gonçalves, 2015).

além dos conceitos de divindade ou hierarquia e se aproxima muito de algo que pode ser considerado intrínseco à própria racionalidade humana.

A implicação disso se reflete a partir do entendimento de que o que torna o conceito de dignidade da pessoa humana elemento que constitui os seres humanos como seres distintos de outros seres reside principalmente no fato de que o homem é uma totalidade, é um fim em si mesmo. Senão vejamos a compreensão de Kant (2011, p. 82) sobre o tema:

> No reino dos fins tudo tem ou um preço ou uma dignidade. Quando uma coisa tem um preço, pode-se pôr em vez dela qualquer outra como equivalente; mas quando uma coisa está acima de todo o preço, e, portanto, não permite equivalente, então ela tem dignidade.

Ou seja, as pessoas não são objeto ou coisa, não podem ser usadas como meio para se atingir objetivos. As pessoas são únicas e põem limite a todo livre-arbítrio que possa impactar negativamente as relações de alteridade, não servem como valor de troca e, como tal, são dignas de respeito.

Nessa perspectiva, Balthazar e Stobe (2013) destacam que o ser humano ocupa posição central na ordem das coisas, e que a ação do Estado precisa ter em vista esta centralidade, "na essência da moral e também de forma a garantir a completude do ser humano, viabilizando o atendimento de necessidades básicas para evitar degradação e sujeição" (Balthazar; Stobe, 2013, p. 510).

Nunes *et al.* (2023, p. 5) analisam a obra de Kant e afirmam que a dignidade humana na perspectiva kantiana consiste em uma

> qualidade inalienável e que deve ser acessada (ou usufruída) por todos os seres humanos, já que os indivíduos detêm a capacidade para, através da razão, determinarem suas ações, de acordo com a ideia de cumprimento de certas regras e normas que recaem sobre eles.

Na visão desses autores, a compreensão filosófica kantiana da dignidade da pessoa humana acaba incorporando em si dimensões sociais e jurídicas.

Nesse sentido, efetivar o direito à moradia significa preservar a dignidade da pessoa humana, pois a efetivação do direito à moradia está intimamente ligada à efetivação de outros direitos fundamentais, como os direitos à vida, à intimidade, à educação, à saúde, entre outros direitos (Souza, 2004, p. 135-136).

Reforçando essa ideia-força, Benacchio e Cassettari (2014, p. 6) destacam que

> O direito humano à moradia é um direito social em sua dimensão positiva, informado pelos princípios da solidariedade, da igualdade material e do Estado Social. Dessa forma, os Estados devem proteger e auxiliar os mais necessitados na efetivação do acesso à moradia digna que possibilite a efetivação dos demais direitos humanos.

Seffrin e Genci (2017) analisam as bases de construção do princípio da dignidade da pessoa humana, tendo como ponto de partida a necessidade de proteção dos direitos humanos fundamentais, em especial o da moradia digna, além de demonstrar como a organização do Estado no modelo Democrático de Direito pode influenciar na salvaguarda tanto da dignidade humana quanto do direito à moradia digna.

Ainda, Stobe (2011, p. 21) traz Kant para reiterar o papel do Estado nas questões sociais e jurídicas. Na visão da autora,

> Kant esclarece que o Estado encerra três poderes dentro de si, isto é, a vontade unida geral consistente de três pessoas: o poder soberano (soberania) na pessoa do legislador; o Poder Executivo na pessoa do governante (em consonância com a lei) e o Poder Judiciário (para outorgar a cada um o que é seu de acordo com a lei) na pessoa do juiz.

A partir desse entendimento, Kant coloca o ser humano no centro, onde suas ações são pautadas pela razão, pela observância de regras morais, de conduta em sociedade, e com forte valoração das demandas, das necessidades e os interesses coletivos sobrepondo-se aos interesses particulares.

Essa visão kantiana de mundo encontra guarida nas normas mais atuais e vigentes em nosso ordenamento jurídico, conforme expressam nossa Constituição da República e o Estatuto da Cidade. A dignidade da pessoa humana foi progressivamente incorporada e tratada pelo direito como resultado da internacionalização dos direitos humanos, tornando-se uma categoria jurídica, ou seja, um direito protegido e exigível legalmente.

Da mesma forma que ressaltamos a importância do princípio da dignidade da pessoa humana no tocante à efetivação de direitos humanos fundamentais, destacamos que o Estatuto da Cidade reafirma a importância de outro princípio constitucional que visa assegurar o direito humano fundamental à moradia, qual seja, o princípio da função social da propriedade.

Por isso, quando a propriedade urbana não cumpre essa função, eis que deve surgir o Estado na garantia do Direito, não apenas do particular, mas também da coletividade. Mas, para garantir a completude do ser humano, é necessário preservar a dignidade humana, tornando essa uma tarefa imposta ao Estado, como prestação. Não por acaso, o princípio da dignidade humana foi integrado à Constituição brasileira, expresso no inciso III do art. 1º, constituindo-se como fundamento do Estado Democrático de Direito.

Mas, aqui, nos deparamos com uma reflexão. Em que medida o princípio da dignidade humana poderia ser efetivado se não existisse a imposição de uma autoridade exterior? A sociedade conseguiria efetivar o princípio da dignidade humana respeitando o direito de todos à moradia se não existisse tal autoridade?

Nesse mesmo sentido, julgamos necessário considerar a noção de vontade do indivíduo ao exercer sua liberdade, pois somente o indivíduo, o particular, pode unicamente responder pelos seus atos, sejam eles comissivos ou mesmo omissivos.

Essa é a análise considerada também em Pagno (2016), que se dedica ao estudo da obra de Kant para demonstrar a importância da dignidade humana no contexto do Direito. A autora considera o respeito à dignidade humana não mais como uma obrigação moral, mas um direito e dever de todos, antes mesmo de tal princípio ser incorporado na sociedade política.

Ocorre que a ideia de elaborar uma moral universal a partir da perspectiva kantiana implica admitir que a moral não pode ser imposta por uma autoridade exterior, mas, sim, pelo próprio ser humano. Assim, o princípio da dignidade humana estaria sendo considerado a partir da efetivação do direito à moradia se todos os indivíduos respeitassem os limites de sua liberdade e exercessem a alteridade no tocante à efetivação do direito à moradia de outro.

Mas, como sabemos, no mundo dos fatos a efetivação do direito à moradia e, consequentemente, da efetivação do princípio da dignidade humana, depende de uma autoridade exterior. Em outras palavras, quando o princípio da dignidade humana deixa de ser observado e a propriedade urbana não cumpre sua função social, eis que deve surgir o Estado na garantia do Direito.

Nesse sentido, Lisboa (2022) afirma que, como guia axiológico contido no ordenamento jurídico brasileiro, a dignidade humana será violada quando houver negativa prestacional do Poder Público em propiciar à população carente o direito à moradia.

Em outras palavras, a ausência desse direito prestacional corresponderá à própria negativa do Estado em reconhecer o princípio da dignidade humana. Ao longo dos Capítulos 6 e 7 veremos que essa imposição imposta ao poder público possui sérias implicações para os julgados realizados nos tribunais dos estados e, também, nos tribunais superiores.

5.4. Programa Minha Casa, Minha Vida (PMCMV) – Lei nº 11.977, de 07 de julho de 2009

Conforme observamos, no centro dessas questões que envolvem os desafios enfrentados no processo de implementação da política urbana no Brasil está a questão da efetivação do princípio da dignidade humana, que perpassa a efetivação do princípio da função social da propriedade, do direito à cidade, entendido aqui como direito consubstanciado pela efetivação do direito à moradia.

É nessa perspectiva que surge o Programa Minha Casa, Minha Vida – PMCMV, Lei nº 11.977, de 07 de julho de 2009, que tem por finalidade criar mecanismos de incentivo a produção e aquisição de novas unidades habitacionais ou requalificação de imóveis urbanos e produção ou reforma de habitações rurais, para famílias com determinada renda mensal.

Para além das normas que foram sendo recepcionadas e positivadas no Direito Constitucional brasileiro no tocante ao direito humano fundamental à moradia, há que se destacar as políticas públicas implementadas pelo Governo Federal logo no início do século XXI, como o PMCMV, criado em 2009.

    Embora a análise dessa questão não seja o foco deste trabalho, importante ressaltarmos a relevância dessa discussão e mencionarmos as obras de Rolnik (2017), Maricato (2014), Fernandes (2001), entre outros, nesse contexto. A importância do PMCMV como programa habitacional está na possibilidade de usá-lo para a concretização do direito fundamental à moradia, além, é claro, de ele atuar na promoção da qualificação de áreas urbanas precárias e de proporcionar um modelo igualitário de ocupação do território urbano em detrimento do seu uso para a potencialização dos problemas urbanos e do realce das diferenças socioespaciais.

CAPÍTULO 6.
ESPÉCIES DE DESAPROPRIAÇÃO E DESAPROPRIAÇÃO PARA FINS URBANÍSTICOS[4]

6.1. Espécies de desapropriação

Na lição de Silva (2018, p. 430), "a desapropriação atinge o caráter de perpetuidade do direito de propriedade, cortando-o coativamente". De fato, conforme veremos, a desapropriação para fins urbanísticos trouxe mudanças profundas no tocante ao exercício do direito de propriedade. Mas, antes de chegarmos a tal definição estabelecida como instrumento de política urbana no Estatuto da Cidade, vamos analisar inicialmente o conceito de desapropriação.

A desapropriação pode ser definida como "o procedimento de direito público pelo qual o poder público transfere para si a propriedade de terceiro, por razões de utilidade pública ou de interesse social, normalmente mediante pagamento de indenização" (Carvalho Filho, 2021, p. 846). Essas duas espécies de desapropriação são consideradas como desapropriação ordinária ou comum, previstas no art. 5º, XXIV, da CRFB.

Todavia, existem ainda outras três espécies de desapropriação a serem consideradas. A primeira delas é a desapropriação rural, para fins de reforma agrária, expressa no *caput* do art. 184 da CRFB. Outras duas espécies são de desapropriação urbana, a saber, a desapropriação urbanística

---

[4] O presente capítulo foi publicado originalmente como parte de monografia redigida pelo autor em 2022.

sancionatória, disposta no art. 182, § 4º, III, da CRFB, e a desapropriação confiscatória, prevista no art. 243 da CRFB, sendo que nessa última espécie não se confere ao proprietário o direito à indenização.

Na lição de Bandeira de Mello (2010, p. 865-866), a função social da propriedade é considerada de maneira peculiar, inclusive ressaltando a existência de uma relativa distinção quanto à forma de indenização a ser realizada. Nesse sentido, sob o ponto de vista do Direito Positivo brasileiro, o citado autor considera que a desapropriação pode ser definida como

> O procedimento através do qual o Poder Público, fundado em necessidade pública, utilidade pública ou interesse social, compulsoriamente despoja alguém de um bem certo, normalmente adquirindo-o para si, em caráter originário, mediante indenização prévia, justa e pagável em dinheiro, salvo no caso de certos imóveis urbanos ou rurais, em que, por estarem em desacordo com a função social legalmente caracterizada para eles, a indenização far-se-á em títulos da dívida pública, resgatáveis em parcelas anuais e sucessivas, preservado seu valor real (Bandeira de Mello, 2010, p. 865-866).

Na perspectiva de Di Pietro (2020, p. 206), as hipóteses de necessidade pública, utilidade pública e interesse social podem ser distinguidas da seguinte forma:

- A necessidade pública existe quando a Administração está diante de um problema inadiável e premente cuja solução é indispensável incorporar, no domínio do Estado, o bem particular.
- Há utilidade pública quando a utilização da propriedade é conveniente e vantajosa ao interesse coletivo, mas não constitui um imperativo irremovível.
- O interesse social emerge quando o Estado é chamado para intervir nos chamados direitos sociais, tais como nas questões envolvendo o direito de moradia.

A partir dessa análise, percebe-se que a desapropriação urbanística sancionatória é entendida de maneira relacionada à desapropriação por interesse social. Corroborando com essa perspectiva, Fagundes (1984,

p. 287-288) entende que o interesse social está diretamente relacionado aos direitos sociais porque diz respeito "às camadas mais pobres da população, e à massa do povo em geral, concernentes à melhoria nas condições de vida, à mais equitativa distribuição de riqueza, à atenuação das desigualdades em sociedade".

A partir desse contexto, o foco estabelecido para este trabalho dirige atenção em particular para a desapropriação urbanística sancionatória, também chamada de desapropriação-sanção. Conforme vimos, a desapropriação urbanística sancionatória trata-se de procedimento vinculado aos instrumentos da política urbana, previstos no art. 182, § 4º, III, da CRFB, e no art. 8º da Lei nº 10.257, de 2001, do chamado Estatuto da Cidade.

6.2. Desapropriação para fins urbanísticos

Importante destacar aqui que a propriedade vista à luz do Estatuto deve exercer função social e atender não apenas a interesses individuais. Eis que aqui emerge o princípio da dignidade da pessoa humana, do direito à cidade e da moradia digna, direitos considerados fundamentais em nossa Carta Magna, além de outros que abrangem os direitos coletivos.

Nesse sentido, "a desapropriação é a forma conciliadora entre a garantia da propriedade individual e a função social dessa mesma propriedade, que exige usos compatíveis com o bem-estar da coletividade" (Meirelles, 2019, p. 486). Nessa mesma toada, Gasparini (2000, p. 601) ressalta que um rápido exame de nossas Constituições revela que,

> se de um lado sempre se garantiu o direito de propriedade, de outro nunca se proibiu a desapropriação. Esses dois direitos, o de propriedade do administrado e o de desapropriar do Estado, como ocorre em outros países, sempre conviveram em nosso ordenamento jurídico.

Importante destacar ainda que o ato administrativo relativo ao procedimento de desapropriação neste caso é facultado ao poder público municipal, nos termos do § 4º do art. 182 da CRFB. Ou seja, "pode" o município exigir do proprietário o adequado aproveitamento do solo urbano.

No entanto, uma vez que a iniciativa do município é colocada adiante e o proprietário é devidamente notificado, o ato não é mais discricionário para o administrador e a norma se torna cogente. O ato administrativo torna-se vinculado e a desapropriação deve seguir o rito estabelecido.

Do ponto de vista normativo, um dos pressupostos para que o poder público possa desapropriar o imóvel urbano para atender o princípio da função social da propriedade é a edição de norma infraconstitucional federal. Conforme reitera Campos (2010), tal pressuposto fora preenchido com a promulgação do Estatuto da Cidade, Lei nº 10.257, de 2001, que surgiu para regulamentar o disposto nos arts. 182 e 183 da Constituição da República.

Associado à norma estabelecida no Estatuto da Cidade, o município precisa considerar a necessidade de elaboração de um plano diretor, ou seja, uma lei de iniciativa do Poder Executivo municipal que disporá sobre desenvolvimento e expansão urbanos. Para além disso, faz-se necessário que o município elabore normas sobre o zoneamento urbano, estabelecendo critérios e parâmetros de uso e ocupação do solo.

Daí o argumento de Harada (2015, p. 34), ao defender o entendimento de que "não basta a simples inclusão da área no Plano Diretor. É preciso que uma lei específica municipal aprove determinado melhoramento consistente, por exemplo, em um plano de urbanização, reurbanização ou renovação urbana".

Em outras palavras, a lei específica "deverá descrever o perímetro da área atingida pelo melhoramento" (Harada, 2015, p. 34). Além disso, conforme observa Campos (2010), antes de proceder à desapropriação, o poder público municipal "deverá" determinar o parcelamento, a edificação ou a utilização compulsórios.

Contudo, em caso de descumprimento do parcelamento, da edificação ou da utilização compulsórios, o município procederá à aplicação do IPTU progressivo no tempo, mediante a majoração da alíquota pelo prazo de cinco anos consecutivos. O Estatuto da Cidade esclarece o procedimento nesses casos, nos termos do *caput* do art. 7º e parágrafos do mesmo dispositivo.

> § 1º O valor da alíquota a ser aplicado a cada ano será fixado na lei específica a que se refere o *caput* do art. 5º desta Lei e não

> excederá a duas vezes o valor referente ao ano anterior, respeitada a alíquota máxima de quinze por cento.
> § 2º Caso a obrigação de parcelar, edificar ou utilizar não esteja atendida em cinco anos, o Município manterá a cobrança pela alíquota máxima, até que se cumpra a referida obrigação, garantida a prerrogativa prevista no art. 8º. *[De poder proceder à desapropriação do imóvel.]*
> § 3º É vedada a concessão de isenções ou de anistia relativas à tributação progressiva de que trata este artigo.

Logo, a aplicação do procedimento de desapropriação à luz do princípio da função social da propriedade é consequência do descumprimento de obrigações por parte do proprietário, culminando inicialmente na aplicação do IPTU progressivo no tempo e, finalmente, tornando-se o proprietário "legitimado passivo em decorrência de desapropriação" (Fiorillo; Ferreira, 2019, p. 160).

Sobre a desapropriação para fins urbanísticos, dispõe o Estatuto da Cidade, Lei nº 10.257, de 2001, que

> Art. 8º Decorridos cinco anos de cobrança do IPTU progressivo sem que o proprietário tenha cumprido a obrigação de parcelamento, edificação ou utilização, o Município poderá proceder à desapropriação do imóvel, com pagamento em títulos da dívida pública.
> § 1º Os títulos da dívida pública terão prévia aprovação pelo Senado Federal e serão resgatados no prazo de até dez anos, em prestações anuais, iguais e sucessivas, assegurados o valor real da indenização e os juros legais de seis por cento ao ano.

Aqui, como se percebe, ocorrerá a espécie de desapropriação-sanção, com o pagamento em títulos da dívida pública, pois a propriedade está em desconformidade com o Plano Diretor da Cidade, tendo seu proprietário descumprido a obrigação de parcelar, edificar ou utilizar o imóvel. Importante destacar neste ponto a condição de existência de legislação municipal específica para a área incluída no Plano Diretor, conforme expressa o art. 5º da Lei nº 10.257, de 2001, Estatuto da Cidade.

6.3. A efetividade do princípio da função social da propriedade e a desapropriação para fins urbanísticos

6.3.1. Insights a partir da análise da jurisprudência do STJ

Nesta seção do capítulo realizamos uma breve investigação acerca de como o Poder Judiciário tem decidido sobre as questões envolvendo o direito à propriedade à luz da efetividade do princípio constitucional da função social da propriedade. Neste ponto, a análise se limita a investigar o tratamento do STJ e do TJPR.

De um lado, você irá perceber que parte significativa da abordagem é teórica e analítica. Por outro lado, aventura-se na coleta, tratamento e análise dos dados, em um genuíno esforço que facilmente pode envolver ensino e pesquisa. Iniciemos, então, com a análise da jurisprudência do STJ.

A partir da utilização do descritor "desapropriação" foram identificados 8.079 acórdãos e 57.455 decisões monocráticas, bem como a existência de 20 súmulas. As súmulas não dizem respeito especificamente à questão da função social para fins urbanísticos, e geralmente se referem ao pagamento de juros compensatórios ou moratórios nas desapropriações direta e indireta.

Como se percebe, com o uso do descritor "desapropriação" o grau de agregação é muito elevado, de modo que diversos processos relacionados ou não à desapropriação para fins urbanísticos estarão presentes na amostra. Assim, procedeu-se a um refinamento na seleção dos dados de modo a deixar mais precisa a busca, relacionando o termo "desapropriação" a outro(s) descritor(es) previamente definido(s), tais como "função social", "função social da propriedade" ou outro que tenha relação com a lei que estabelece diretrizes gerais da política urbana, qual seja, o Estatuto da Cidade.

Os descritores selecionados (exemplo: "desapropriação" + "função social"), em conjunto com o descritor "desapropriação", bem como o quantitativo de resultados obtidos para o número de acórdãos e decisões monocráticas envolvendo a associação entre tais descritores estão listados na Tabela 6.1 a seguir.

Tabela 6.1: Frequência de decisões envolvendo o procedimento de desapropriação

DESCRITOR	DESAPROPRIAÇÃO	FUNÇÃO SOCIAL	FUNÇÃO SOCIAL DA PROPRIEDADE	ESTATUTO DA CIDADE	LEI Nº 10.257/2001
Acórdãos	8.079	120	76	0	0
Decisões monocráticas	57.455	3.452	1.954	125	2

Fonte: Elaborada pelo autor com base nos dados de jurisprudência do STJ.

Observa-se que os julgados são relativamente recentes, abrangendo uma periodização que se situa entre o início de 2018 até 6 de junho de 2022. A análise da relação entre desapropriação e função social nos mostra que a grande maioria das decisões prolatadas pelo STJ diz respeito à desapropriação indireta, por utilidade pública ou interesse social.

Muitas outras decisões tratam da reforma agrária ou, ainda, do pedido de exoneração de IPTU em áreas de preservação ambiental. No contexto deste último, o que as decisões revelam é o nítido entendimento de que ocorre uma limitação administrativa a partir da inserção do imóvel em área de preservação, mas não a desapropriação *per se*.

Outras análises também nos revelam que as decisões judiciais tendem a considerar como condição essencial para a manutenção da propriedade o exercício de sua função social. Ou seja, a efetividade do princípio constitucional da função social da propriedade é constatável em alguns casos. Apesar disso, em raríssimas ocasiões as decisões têm como fundamento o disposto no inciso III do § 4º do art. 182 da CRFB. Para tanto, seria necessário maior atuação municipal no sentido de utilizar os instrumentos de política urbana previstos no Estatuto da Cidade.

6.3.2. A efetividade do princípio da função social da propriedade segundo a análise da jurisprudência do STJ

Um exame mais criterioso das decisões nos permite identificar que a função social da propriedade sempre figura como princípio do direito utilizado de maneira mais ampla nos julgados, ainda que não se trate diretamente da desapropriação para fins urbanísticos.

Nesse contexto, importante destacar o posicionamento do Ministro Geraldo Og Nicéas Marques Fernandes, no sentido de reiterar que "todo o sentido do Código Civil é pela ponderação entre os direitos de propriedade do particular e o interesse coletivo. No equilíbrio entre eles, está a função social da propriedade".

Como exemplo, consideremos um julgamento em que a União recorria contra acórdão prolatado, por unanimidade, pela 3ª Turma do Tribunal Regional Federal da 4ª Região. No recurso, a União sustentava que o imóvel foi gravado com averbação de penhora em sua matrícula e também apresentava averbação de protesto judicial, com data de 21.11.1986, impedindo, segundo a alegação da recorrente, a alienação ou oneração do bem.

Ocorre que o imóvel foi adquirido pela recorrida de maneira originária, qual seja, pela usucapião. Nessa condição, observadas as teses do STJ, usucapião é forma de aquisição originária da propriedade, de modo que não permanecem os ônus reais que gravavam o imóvel antes da sua declaração.

No julgamento, a Ministra Regina Helena Costa (Brasil, 2018) destacou o disposto no art. 183 da CRFB, afirmando que "a usucapião tem assento constitucional e se afirma como instrumento de realização da função social da propriedade, de modo a prestigiar aquele que confere uma destinação socialmente adequada ao bem". Daí o porquê de se reiterar a necessidade de uma análise mais detalhada envolvendo o teor das decisões.

Ainda que não necessariamente no contexto da aplicação direta do procedimento da desapropriação para fins urbanísticos, a apreciação do referido recurso nos revela uma decisão no sentido de corroborar a hipótese de que há efetividade do princípio da função social da propriedade, na medida em que foi assegurado o direito de moradia à recorrida, prestigiando aquele que confere uma destinação socialmente adequada ao bem.

Nessa mesma toada, consideremos o acórdão proferido em outro julgamento, em que a parte autora, a despeito de ter conseguido ordem judicial de reintegração de posse desde 1991,

> encontra-se privada de suas terras até hoje, ou seja, há mais de 2 (duas) décadas, sem que tenha sido adotada qualquer medida concreta para obstar a constante invasão do seu imóvel, seja por ausência de força policial para o cumprimento do mandado

reintegratório, seja em decorrência dos inúmeros incidentes processuais ocorridos nos autos ou em face da constante ocupação coletiva ocorrida na área (Brasil, 2017).

Imprescindível destacar que na propriedade vivem milhares de famílias de baixa renda, que, apesar de estarem na posse de habitações irregulares, contam com a prestação de serviços públicos já consolidados no tempo. Nesse sentido, a decisão proferida pela primeira turma do STJ, tendo como ministro relator o magistrado Gurgel de Faria, não apenas contempla o exame de princípios basilares contidos em nossa Carta Magna, tais como o princípio da dignidade humana, bem como leva em consideração o direito fundamental à moradia.

Por isso, observamos que essa decisão tem relação direta com a desapropriação para fins urbanísticos, ainda que não tenha sido proferida nos termos dos arts. 182 e/ou 183 da CRFB. Essa constatação também é possível a partir da análise da jurisprudência do TJPR, conforme veremos a seguir.

Relaxando a condição de existência de decisão fundamentada nos termos dos arts. 182 e/ou 183 da CRFB, mas admitindo a hipótese de ocorrência da efetividade do princípio constitucional da função social da propriedade, a análise da jurisprudência do TJPR nos permitirá inferir que as decisões proferidas neste grau de jurisdição também reforçam a hipótese de que há efetividade do princípio da função social da propriedade.

6.3.3. A efetividade do princípio da função social da propriedade segundo a análise da jurisprudência do TJPR

Analisando a jurisprudência do TJPR, constata-se idêntica a tendência observada na análise da jurisprudência do STJ.[5] Em um dos acórdãos proferidos por esse egrégio tribunal, a decisão determina o loteamento e o parcelamento do solo, com o objetivo de fazer cumprir a legislação quanto à finalidade social e urbanística da propriedade, sob pena de lançamento do IPTU de forma progressiva.

---

5   Três processos foram aleatoriamente escolhidos para figurar como representativos dentro de uma pequena amostra contendo 120 registros, obtidos a partir da seleção dos descritores "desapropriação" e "função social".

Outro acórdão chama a atenção pelo fato de se ter decidido, por unanimidade de votos, pelo conhecimento e provimento de um agravo de instrumento que buscava revogar uma decisão liminar de reintegração de posse concedida anteriormente ao agravado.[6] Na referida decisão, relata-se ainda que, no texto da petição inicial, o autor (ora agravado) relatava que residia a cerca de 800m (oitocentos metros) da área que pretende reintegrar e que adquiriu o bem "esbulhado" há mais de 20 anos, o que confirma que permaneceu inerte até então.

Segundo a decisão, "o proprietário, apesar de residir próximo ao local, sequer defendeu a posse que alega como direito, mesmo porque não exerce a posse direta sobre o bem". O que se verificou na situação concreta foi a existência de um conflito entre o direito de propriedade do agravado e o direito de moradia do agravante, na medida em que este estava na posse direta da área em litígio, dando-lhe função social.

No presente caso, o agravante comprovou deter a posse justa do imóvel, adquirida por meio de contrato de transmissão de posse, desde 05.09.2014, ou seja, mais de ano e dia antes do ajuizamento da ação, "tratando-se de posse velha, prevalecendo a efetividade da função social da propriedade".

Por fim, um acórdão que se debruça sobre a questão de uma propriedade localizada no município de Ângulo, comarca de Santa Fé, Estado do Paraná. No caso em tela, os impetrantes de um mandado de segurança requereram, dentre outras coisas, a concessão, *in limine*, do alvará de construção. Os impetrantes sustentaram que tiveram o seu direito líquido e certo violado, uma vez que o imóvel é de propriedade particular e o Município de Ângulo não possui interesse em adquiri-lo, mas também não autoriza a construção no lote.

O pedido de liminar foi indeferido, mas sobreveio a sentença concedendo a segurança para o fim de determinar a concessão de alvará para a construção. O chefe do Poder Executivo municipal apelou da decisão. Contudo, o acórdão decidiu unanimemente pela concessão do alvará de construção, considerando a necessidade de se atentar à efetividade do princípio constitucional da função social da propriedade.

No teor da decisão, reitera-se que

---

6   Processo nº 0024890-55.2018.8.16.0000.

CAPÍTULO 6

> é garantia constitucional dos impetrantes a inviolabilidade do seu direito à propriedade, e é dever dos mesmos garantir o atendimento da sua função social. Não é crível tolher o direito de uso, gozo, disposição e fruição do terreno, dos proprietários particulares, apenas porque está, em plano futuro e incerto, destinado ao interesse cívico, que no momento não está sendo posto em prática e nem sendo suscitado pela administração. Conforme bem delineou o juiz singular, ao negar-se o alvará de construção aos atuais proprietários: 'Ocorre que, mesmo diante da ausência atual de interesse no imóvel, o impetrado impôs um dever de abstenção sobre o imóvel, ou seja, uma limitação administrativa que culmina na obrigação negativa de não construir. [...]' Porém, ainda que se reconheça como legítima a limitação administrativa imposta pelo impetrado, constata-se que se assim se proceder o imóvel permanecerá por tempo indeterminado sem o seu adequado aproveitamento, sem utilidade pública e sem a utilização privada, violando frontalmente o princípio constitucional da função social da propriedade.

Com a decisão, parece restar evidente que o agravante, ao não sofrer a desapropriação por parte do município, está adotando as medidas necessárias no sentido de promover a edificação na propriedade, dando-lhe função social, e deixando de violar frontalmente o princípio da função social da propriedade. Procedendo assim, o agravante buscou se proteger, evitando que qualquer instrumento de política urbana implique sanção que tenha como causa sua inércia ou inobservância quanto ao princípio da função social da propriedade.

CAPÍTULO 7.
A CUEM COMO INSTRUMENTO DE EFETIVAÇÃO DO DIREITO HUMANO FUNDAMENTAL À MORADIA

7.1. O Estatuto da Cidade e a CUEM como instrumento de política urbana

No terceiro capítulo desta obra, vimos que o Estatuto da Cidade traz instrumentos importantes buscando ordenar o pleno desenvolvimento das funções sociais da cidade. Notoriamente, particular interesse dedicamos a examinar a importância de princípios constitucionais que buscam efetivar o direito fundamental a moradia, tais como o princípio da dignidade humana e o princípio da função social da propriedade.

Agora, para além dos princípios, trataremos de destacar a importância do instrumento de CUEM, estabelecido nos termos do § 1º e *caput* do art. 183 da CRFB, bem como no art. 4º, inciso V, alínea *h*, da Lei nº 10.257, de 10 de julho de 2001, também conhecido como Estatuto da Cidade.

Nos termos do *caput* do art. 183 e § 1º, da CRFB/1988,

> Aquele que possuir como sua área urbana de até duzentos e cinquenta metros quadrados, por cinco anos, ininterruptamente e sem oposição, utilizando-a para sua moradia ou de sua família, adquirir-lhe-á o domínio, desde que não seja proprietário de outro imóvel urbano ou rural.

§ 1º O título de domínio e a concessão de uso serão conferidos ao homem ou à mulher, ou a ambos, independentemente do estado civil.

O disposto no § 1º do art. 183 da CRFB/1988 encontra sua correspondência também no art. 9º do Estatuto da Cidade.

Outra questão importante a se destacar é a operacionalização da concessão de uso especial para fins de moradia, que se dá pela MP nº 2.220, de 4 de setembro de 2001.

7.2. MP nº 2.220, de 04 de setembro de 2001

Uma observação importante a ser considerada é a de que a CUEM pode ser entendida também como uma forma de concessão de título de regularização fundiária, que confere ao ocupante o direito de moradia. Portanto, a CUEM seria um instrumento do REURB, podendo ser utilizada de forma individual também, ou seja, fora dos instrumentos do REURB, de forma semelhante ao que ocorre com o procedimento de usucapião.

De acordo com Alvarenga (2008), a matriz constitucional da CUEM consta do § 1º do art. 183 da CRFB/1988, no capítulo que trata da política urbana. Embora inserido no Estatuto da Cidade (arts. 4º e 48), o instituto foi regulamentado pela MP nº 2.220, de 4 de setembro de 2001, em virtude do veto presidencial aos arts. 15 a 20 do Estatuto.

A concessão de uso especial para fins de moradia é direito real nos termos do art. 1.225, XI, do CC/2002, com a redação dada pela Lei nº 11.481/2007, instituído por lei e oponível *erga omnes*. É constituída por termo administrativo ou sentença judicial, fatores que imprimem segurança jurídica, ou seja, se o Poder Executivo se omitir ou se recusar a outorgá-la, o interessado poderá recorrer à via judicial.

Por ser direito real, exige o registro no Registro Imobiliário competente para o seu ingresso no fólio real, nos termos do art. 167, I, nº 37, da Lei de Registros Públicos – Lei nº 6.015/1973, com a redação dada pela MP nº 2.220/2001. É importante destacar que a concessão de uso especial para fins de moradia não é aplicável em todas as situações de ocupação irregular e tampouco implica a transferência da propriedade do imóvel para o beneficiário.

Assim como a usucapião especial urbana possibilita a regularização da posse em imóveis particulares, a CUEM permite a regularização da posse exercida em imóveis públicos. A CUEM visa, portanto, assegurar o direito à moradia em ocupações urbanas realizadas em áreas públicas.

Reverberando o argumento de Alvarenga (2008), a CUEM é ainda instrumento de inclusão social que possibilita o acesso à moradia, cumprindo, dessa forma, o que estabelece o art. 6º da CRFB/1988.

De fato, e também de direito, a concessão na verdade garante que o ocupante possa permanecer no local onde mora, desde que atenda às condições estabelecidas na lei municipal. Essas condições podem variar de município para município, haja vista a autonomia do ente municipal para regulamentar a aplicação dessa forma de regularização fundiária.

Apesar da previsão legal, acredita-se que a utilização do instrumento de concessão de uso especial para fins de moradia é ainda pouco observável pela via administrativa nos municípios brasileiros, daí o porquê de admitirmos como hipótese que a não efetivação pela via administrativa tem conduzido a judicialização das demandas.

Isso ocorre por vários motivos, seja pelas mudanças e pela consolidação da regulamentação da concessão ao longo do tempo, pela falta de conhecimento e de como saber fazer por parte dos municípios, e pela própria dinâmica de ocupação desordenada dos espaços urbanos, que demanda do poder público ações concretas na tentativa de efetivar o direito à moradia a partir da utilização deste instrumento.

Na prática, as limitações da efetivação pela via administrativa ocorrem, por exemplo, quando da solicitação pelo cidadão junto aos setores da administração pública, ou seja, quando o cidadão ingressa com o pedido de concessão junto ao setor de urbanismo da cidade. Ocorre que, seja pelo desconhecimento da lei, ou pela indefinição do procedimento a ser adotado, o processo fica engavetado ou sob análise por muito tempo.

Daí a necessidade de se recorrer à judicialização da demanda para ter o direito efetivado. Contudo, antes de judicializar a demanda é preciso que o requerente considere a necessidade de esgotar as possibilidades inicialmente pela via administrativa. Esse é o entendimento que conseguimos ter a partir da leitura do § 1º do art. 6º da MP nº 2.220, de 2001, que expressa que:

> Art. 6º O título de concessão de uso especial para fins de moradia será obtido pela via administrativa perante o órgão competente da Administração Pública ou, em caso de recusa ou omissão deste, pela via judicial.
> § 1º A Administração Pública terá o prazo máximo de doze meses para decidir o pedido, contado da data de seu protocolo.

Saule Júnior e Rivelli Cardoso (2012) falam sobre a existência de dois tipos de CUEM: a coletiva e a individual. A CUEM coletiva seria caracterizada por uma ocupação significativamente grande, onde seria quase impossível determinar a posse exata de cada um dos ocupantes. Neste caso é recomendável a criação de uma associação de moradores para que seja a representante de todos quando do ajuizamento da demanda. Já a CUEM individual, como o próprio nome indica, pode ser solicitada e concedida individualmente, observado o disposto na MP nº 2.220/2001.

Os autores esclarecem, porém, que a CUEM não poderá ser concedida em área de risco, áreas de proteção permanente, áreas de preservação ambiental "ou em áreas que o poder público tenha definido a forma de utilização, chamadas de áreas afetadas" (Saule Júnior; Rivelli Cardoso, 2012, p. 17).

Marrara (2019) explica que no processo de elaboração e redação originária do Estatuto da Cidade submetida à sanção do Presidente da República, os arts. 15 a 20 do Estatuto visavam concretizar o texto constitucional ao prever a concessão de uso especial sobre imóveis públicos.

Ocorre que o então presidente da República (Fernando Henrique Cardoso) vetou todos esses artigos, "considerando haver muitas incorreções na redação das normas constantes do projeto aprovado pelo Congresso Nacional" (Marrara, 2019, p. 318).

Entre outros aspectos, o trabalho de Marrara (2019, p. 318) é importante por nos apresentar as razões do veto por parte do então Presidente, a saber:

> as normas contrariariam o princípio do interesse público por "não ressalvarem do direito à concessão de uso especial os imóveis públicos afetados ao uso comum do povo, como praças e ruas, assim como áreas urbanas de interesse da defesa nacional, da preservação ambiental ou destinadas a obras públicas". Os

dispositivos tampouco estabeleciam "uma data-limite para a aquisição do direito à concessão de uso especial, o que torna[va] permanente um instrumento só justificável pela necessidade imperiosa de solucionar o imenso passivo de ocupações irregulares gerado em décadas de urbanização desordenada". Diante desses e doutros argumentos, o veto foi dito inevitável, mas o Executivo federal se comprometeu a encaminhar "sem demora ao Congresso Nacional um texto normativo que preench[esse] essa lacuna, buscando sanar as imprecisões apontadas".

Ao expor as razões do veto, o presidente da República afirmou que o Poder Executivo submeteria ao Congresso Nacional um texto normativo para preencher a lacuna. E o fez sem demora, em menos de dois meses. É nesse contexto que surge o art. 1º da MP nº 2.220, de 04 de setembro de 2001, na tentativa de se resolver as lacunas deixadas na aprovação do Estatuto da Cidade pelo Congresso Nacional, realizada em 10 de julho de 2001.

> Art. 1º Aquele que, até 30 de junho de 2001, possuiu como seu, por cinco anos, ininterruptamente e sem oposição, até duzentos e cinquenta metros quadrados de imóvel público situado em área urbana, utilizando-a para sua moradia ou de sua família, tem o direito à concessão de isso especial para fins de moradia em relação ao bem objeto da posse, desde que não seja proprietário ou concessionário, a qualquer título, de outro imóvel urbano ou rural.

Magalhães (2016) destaca que parte da doutrina tem defendido que a MP nº 2.220, de 2001, conferiu, em menor ou maior grau, um direito subjetivo aos ocupantes de imóvel público que preenchessem os requisitos da lei, como em Saule Júnior (2004) e Alfonsin e Fernandes (2002). O reconhecimento do direito subjetivo nestes casos modifica um entendimento anterior, que era pautado pela faculdade do poder de conferir (ou não) o uso da terra pública.

Outro importante reforço no sentido de assegurar a efetivação da CUEM como instrumento de política urbana foi a promulgação da Lei nº 13.465, de 2017. Particular interesse recai sobre o art. 77 da referida lei, ao trazer nova redação para o art. 1º da MP nº 2.220, de 2001, a saber:

> Art. 1º Aquele que, até 22 de dezembro de 2016, possuiu como seu, por cinco anos, ininterruptamente e sem oposição, até duzentos e cinquenta metros quadrados de imóvel público situado em área com características e finalidade urbanas, e que o utilize para sua moradia ou de sua família, tem o direito à concessão de uso especial para fins de moradia em relação ao bem objeto da posse, desde que não seja proprietário ou concessionário, a qualquer título, de outro imóvel urbano ou rural.

O disposto no art. 1º da MP nº 2.220, de 2001, com redação dada pelo art. 77 da Lei nº 13.465, de 2017, traz uma nova data-limite para a aquisição do direito à concessão de uso especial para fins de moradia, qual seja, 22 de dezembro de 2016. Veremos que a definição da nova data-limite trazida pela Lei nº 13.465, de 2017, parecer guardar relação direta com a incidência do número de casos envolvendo CUEM e a judicialização das demandas que tratam da tentativa de efetivação do direito de moradia a partir da utilização deste instrumento de política urbana.

O trabalho de Marrara (2019) é importante nesse contexto por explicar as mudanças trazidas pela Lei nº 13.465, de 2017, e que afetam diretamente a utilização da CUEM como instrumento de política urbana, embora o próprio autor admita que as mudanças trazidas com a Lei nº 13.465, de 2017, pouco avançaram no tocante à regularização fundiária de interesse social em imóveis públicos quando comparados com a Lei nº 11.481, de 2007.

Do ponto de vista teórico-conceitual, mais recentemente, a tese de Doutorado de Sales (2023) traz outras importantes contribuições tratando das acepções teórico-doutrinárias sobre o conceito de concessão, além de uma análise que trata da ressignificação do conceito de moradia adequada como instrumento de inclusão financeira para as mulheres titulares da CUEM.

Por fim, ainda nesta última parte desta seção do capítulo, resgatamos o pensamento kantiano ao refletirmos sobre o papel que a CUEM possui no sentido de resgatar a dignidade da pessoa humana, e de nos estimular a realizar uma releitura do direito das coisas a partir da possibilidade de efetivação deste princípio constitucional.

Como bem defende Sales (2018, p. 211), enfim

a crise que vivemos hoje em todos os aspectos nos leva ao encorajamento pela busca do humanismo perdido durante tantos anos de lutas e guerras desnecessárias. A construção de uma sociedade mais humanista é o grande desafio dos tempos modernos. Não podemos agora perder o foco no caminho que nos leva à humanização do direito de propriedade a partir da elevação dos princípios como o da dignidade da pessoa humana, da solidariedade, da cidadania, da função social e de tantos outros que fundamentam a concretização de direitos previstos na Constituição e que são tão caros à democracia brasileira.

Todavia, apesar de sua enorme importância, apenas recentemente a CUEM se tornou alvo de intensos debates, bem como objeto de investigação pela academia, pelos gestores municipais. De tal modo, representa uma enorme lacuna a ser preenchida por pesquisas que se propõem a analisar os problemas urbanos e a urbanização brasileira em um contexto de luta pelo direito à cidade e pela efetividade do direito fundamental à moradia.

7.3. *Insights* a partir da análise da jurisprudência do STJ

Essa seção apresenta os resultados da pesquisa de jurisprudência aplicada à análise da frequência do número de julgados envolvendo o pedido de CUEM. A análise trata inicialmente dos julgados pelo TJPR, para depois seguir com a análise da jurisprudência pelo STJ.

A partir da utilização do descritor "moradia" na pesquisa livre disponibilizada no *site* do TJPR, foram identificados 5.913 acórdãos. Como se percebe, com o uso do descritor "moradia", o grau de agregação é muito elevado, de modo que diversos processos relacionados, ou não, à concessão de uso especial para fins de moradia estão presentes na amostra.

Assim, procedeu-se a um refinamento na seleção dos dados de modo a deixar mais precisa a busca, conforme mostra a Tabela 7.1. O segundo grau de refinamento buscou relacionar o termo "moradia" a outro descritor previamente definido: "CUEM". Para nossa surpresa, a busca a partir da combinação desses dois descritores, moradia + CUEM, não encontrou nenhum registro.

Tabela 7.1: Seleção de descritores para análise da jurisprudência do TJPR

DESCRITOR	MORADIA	CUEM	CONCESSÃO DE USO ESPECIAL PARA FINS DE MORADIA
Acórdãos	5913	00	48

Fonte: Elaborada pelo autor com base nos dados de jurisprudência do TJPR.

Diante do resultado da busca, optou-se por considerar apenas o uso do descritor CUEM. Da mesma forma, a partir dos critérios da pesquisa, que levam em consideração a presença do descritor na ementa do julgado, também não fora encontrado nenhum registro.

Por fim, em um terceiro nível de definição dos critérios de pesquisa, considerou-se o uso do seguinte descritor: CUEM. Este descritor demonstrou ser o mais adequado para os fins pretendidos, de modo que foram encontrados 48 registros. A partir da constatação da existência desses 48 julgados, a etapa seguinte da pesquisa considerou critérios de inclusão e exclusão para a análise posterior.

Para os fins pretendidos neste trabalho, importante destacar a trajetória da pesquisa na tentativa de definir os melhores descritores ou, ainda, o melhor descritor a ser considerado na análise. Essa etapa é importante para compreender que a definição dos critérios de pesquisa, bem como do descritor selecionado, de certa forma acaba por determinar em certa medida o grau de importância do descritor e dos critérios definidos pelo pesquisador para se chegar às conclusões que poderão ser extraídas.

Examinando pormenorizadamente os dados aplicando a metodologia apresentada no segundo capítulo desta obra (Seção 2.6), observa-se que os julgados são relativamente recentes, abrangendo uma periodização que se situa entre o final de 2002 até 12 de julho de 2023, ocasião em que o último julgado aparece no sistema de jurisprudência do TJPR.

Constata-se que pouquíssimos casos foram julgados entre 2002 e 2015, de fato, apenas oito. A partir do ano de 2016, percebe-se um aumento significativo das demandas que chegaram ao Judiciário e foram julgadas, o que pode ser atribuído, ao menos em parte, à definição de nova data-limite prevista no art.1º da MP nº 2.220, de 2001, qual seja, 22 de dezembro de 2016.

O art. 1º da referida MP dispõe sobre a concessão de uso especial para fins de moradia, trazida no bojo do § 1º do art. 183 da CRFB. Tal dispositivo expressa que:

> Art. 1º Aquele que, até 22 de dezembro de 2016, possuiu como seu, por cinco anos, ininterruptamente e sem oposição, até duzentos e cinquenta metros quadrados de imóvel público situado em área com características e finalidade urbanas, e que o utilize para sua moradia ou de sua família, tem o direito à concessão de uso especial para fins de moradia em relação ao bem objeto da posse, desde que não seja proprietário ou concessionário, a qualquer título, de outro imóvel urbano ou rural.

Sendo 2016 o marco trazido pela Lei nº 13.465, de 2017, que dispõe sobre a regularização fundiária, diversas outras demandas passaram a surgir desde então. Entre 2016 e 2020, sobretudo, está situado o maior número de pedidos, representando mais de 60% de todos os julgados entre 2002 e 2023.

De fato, em 2016 outros cinco julgados foram contabilizados, em 2017, mais cinco. No ano seguinte, em 2018, foram mais oito julgados, acompanhados por outros oito julgados em 2019. A Tabela 7.2 a seguir mostra a tendência de crescimento da judicialização das demandas no período considerado.

Tabela 7.2: Frequência de decisões envolvendo a CUEM no TJPR

ANO	QUANTIDADE	ACUMULADO	%
2002	1	–	2,1
2009	1	2	2,1
2010	1	3	2,1
2011	2	5	4,2
2014	2	7	4,2
2015	1	8	2,1
2016	5	13	10,4

ANO	QUANTIDADE	ACUMULADO	%
2017	5	18	10,4
2018	8	26	16,7
2019	8	34	16,7
2020	6	40	12,5
2021	2	42	4,2
2022	3	45	6,3
2023	3	48	6,3
Total	48	291	100

Fonte: Elaborada pelo autor com base nos dados de jurisprudência do TJPR.

Portanto, os dados nos mostram um aumento significativo das demandas judiciais, sugerindo que o direito à moradia via requerimento administrativo de CUEM não está sendo efetivado. Quanto aos julgados propriamente ditos, eles tratam de questões variadas, apesar de estarem direta ou indiretamente relacionados à CUEM.

Tenhamos como exemplo um julgado recente, Processo nº 0004067-17.2020.8.16.0024, realizado em 12 de julho de 2023, do Paraná. O caso envolve a ocupação coletiva de imóvel público, pertencente à Fundação de Ação Social (FAZ), de Curitiba, mas que está situada no município de Campo Magro, no Paraná.

Em sede de 1º grau, a sentença proferida em autos de Ação de Reintegração de Posse julgou procedentes os pedidos iniciais, para o fim de determinar a reintegração de posse. Contudo, em sede de apelação, o acórdão trouxe entendimento diverso, indeferindo a reintegração de posse diante das circunstâncias apresentadas no caso concreto.

Dentre as circunstâncias consideradas, o local hoje se assemelha a um bairro, denominado Vila Esperança, servindo como local de moradia para cerca de 1.100 famílias, ou seja, não seria uma mera ocupação. Trata-se de uma área que conta com infraestrutura urbana, além de comércio local, e dentre os ocupantes estão crianças, jovens, idosos, pessoas deficientes e gestantes.

No inteiro teor da decisão, considera-se o seguinte:

> Não se ignora os conceitos clássicos acerca da posse e domínio dos bens públicos, os quais são inalienáveis (exceto se desafetados), imprescritíveis e impenhoráveis (arts. 100, 102 e 1.420 do Código Civil). Ocorre que o caso em análise, em virtude de suas particularidades, atrai a necessidade de se relativizar tais conceitos, de modo a se adotar uma solução mais consentânea aos preceitos constitucionais da função social da propriedade e da dignidade da pessoa humana.

Além de o imóvel em questão ter sido em tese deixado abandonado, sem uso e destinação social pela parte apelada, restou claro no julgado que dois princípios foram considerados fundamentais para se chegar à decisão proferida, o princípio da função social da propriedade e o princípio da dignidade da pessoa humana.

Ainda, no tocante ao sopesamento sobre o direito de propriedade de um lado, e o direito à moradia e à dignidade humana de outro, a decisão revela um entendimento alinhado com os avanços alcançados no estabelecimento das normas que tratam do desenvolvimento urbano e da efetivação de direitos humanos e fundamentais. Senão vejamos,

> Assim, ponderando-se os direitos constitucionais envolvidos – de um lado, o direito à propriedade e a inafastabilidade do interesse público e, de outro, a dignidade da pessoa humana, o direito à moradia e o cumprimento da função social –, conclui-se que na particular hipótese dos autos deve prevalecer a ocupação realizada no imóvel debatido. [...] a parte que compõe o polo ativo do caso (FAS) deve assumir sua responsabilidade, tolerando a ocupação em comento e solucionando a questão da moradia dos ocupantes por uma via mais adequada, que não cause o despejo de milhares de pessoas.

A partir desse entendimento, a relativização se deve justamente ao peso que o Estatuto da Cidade exerce nos julgados mais recentes e, principalmente, o fato de que o direito à moradia fora recepcionado como direito humano fundamental no ordenamento jurídico brasileiro. De qualquer forma, a apelação surtira efeito e a reintegração de posse não foi realizada até o presente momento.

Em outro julgado, Processo nº 0001119-63.2016.8.16.0050, também de 2023, os apelantes pediam ao tribunal a CUEM cumulada com a concessão da escritura pública dos bens doados.

Ocorre que ambas as teses não mereceram conhecimento. Primeiro, porque o pleito de concessão de uso para fins de moradia foi reconhecido e concedido já na sentença de 1º grau, carecendo, portanto, de interesse recursal os apelantes. Já quanto à concessão da escritura pública dos bens doados, ela não poderia ser objeto de recurso, por se tratar de inovação recursal.

No teor da decisão do recurso de apelação reitera-se que, na petição inicial, inexiste o pedido, não tendo o magistrado analisado a questão em 1º grau. Sendo assim, inviável no grau recursal determinar ao apelante a concessão da escritura pública.

Independentemente da decisão em sede de apelação, novamente outro julgado sinalizando para o aumento da judicialização das demandas que buscam a efetivação do direito humano fundamental à moradia, a partir da CUEM.

A partir do mesmo conjunto de descritores, a análise da jurisprudência do STJ nos mostra que apenas sete acórdãos foram proferidos, sendo que o primeiro deles data de 2015, e o último, de 2020 (Tabela 7.3). Analisaremos o primeiro e o último acórdãos, buscando explicitar, respectivamente, a incidência do número de julgados concedendo a CUEM quando são atendidos os requisitos estabelecidos na legislação, e o indeferimento da demanda quando existem inobservâncias ou limitações impostas pela MP nº 2.220/2001.

Tabela 7.3: Acórdãos proferidos pelo STJ sobre o tema da CUEM

ANO	QUANTIDADE	PROCESSO
2015	1	AgRg no AREsp. nº 333.647/RS
2016	1	AgInt no AREsp. nº 844.804/MG
2017	1	REsp. nº 1.494.302/DF
2018	1	AgInt no REsp. nº 1.429.772/RJ

ANO	QUANTIDADE	PROCESSO
2019	2	EDcl no AgInt no REsp. nº 1.698.791/RJ
		AgInt no REsp. nº 1.591.265/PE
2020	1	AgInt no AREsp. nº 1.498.080/AL
Total	7	

Fonte: Elaborada pelo autor com base nos dados de jurisprudência do STJ.

No primeiro acórdão encontrado, AgRg no AREsp. nº 333.647/RS, do ano de 2015, uma decisão favorável à manutenção da posse via concessão de uso especial para fins de moradia. A Quarta Turma do STJ, por unanimidade, negou o provimento ao agravo regimental interposto pelo Estado do Rio Grande do Sul, considerando dois pontos importantes em favor dos ocupantes.

Primeiro, porque não foi analisada na instância ordinária a tese apresentada no recurso especial no sentido de que os réus não teriam comprovado o requisito da ocupação do imóvel como próprio, com *animus domini*. Da leitura dos autos, porém, percebe-se que o Estado havia anteriormente concedido autorização precária aos ocupantes para residir em escola pública em troca de prestação de serviços (p. ex., zeladoria ou moradia funcional), mas não levantou a questão ou opôs qualquer ponto sobre este tema em sede de embargos de declaração.

Consequentemente, conforme expressa a decisão, a ausência de oposição de embargos de declaração para sanar, na origem, eventuais omissões do julgado, atrai a aplicação do óbice contido nos Enunciados nºs 282 e 356 do STF, em suma, impedindo o conhecimento do recurso especial. Nos termos da decisão, "não cuidando a recorrente de provocar a Corte local para o exame da questão, via recurso declaratório, a argumentação carece do necessário prequestionamento".

Mas outro fator importante neste mesmo julgado se refere à área ocupada pelos moradores: o agravante (Estado do Rio Grande do Sul) alegava a necessidade de considerar a área total da escola, que, em tese, superava os 250m², logo, impedindo a concessão segundo a MP nº 2.220/2001.

Ocorre que os arts. 183 da CRFB/1988 e 1º da referida MP não se referem ao tamanho total do imóvel público, mas, sim, e exclusivamente, à parcela ocupada pelo possuidor, para fins de concessão de uso especial para fins de moradia. Assim, como expressa o julgado, a violação do art. 1º da MP nº 2.220/2001 "não está presente relativamente ao tamanho máximo da área efetivamente ocupada, cabendo assinalar que o agravo regimental não trouxe nenhum argumento capaz de reformar a decisão ora agravada"

No último acórdão encontrado, AgInt no AREsp. nº 1.498.080/AL, com relatoria do Ministro Herman Benjamin, destacou-se ser inviável o deferimento de concessão. Dentre os motivos alegados foi a localização do imóvel em área de risco, pois situado em via de comunicação que fora desapropriada pelo DNIT para fins de construção de alça de acesso da BR-316.

É importante destacar que, se a questão envolvesse apenas a limitação determinada pela possibilidade de acarretar risco à vida ou à saúde dos ocupantes, seria possível a concessão em outro local, conforme expressa o art. 4º da MP nº 2.220, de 2001. O óbice, porém, não se encontra neste aspecto da lide, mas sim, e dentre outras coisas, pelo fato de que o reexame probatório é vedado em recurso especial, conforme expressa a respeitável decisão.

CONSIDERAÇÕES FINAIS

Este livro foi escrito considerando o amplo contexto que envolve o fenômeno da urbanização mundial e suas implicações no tocante às necessidades e aos problemas enfrentados pelas pessoas que vivem nas cidades, incluindo-se aqui a demanda por serviços públicos, educação, saúde, moradia, entre outros.

Diante desse contexto, passamos a refletir sobre a necessidade de utilização de ferramentas adequadas para construirmos e transformarmos nossas cidades de forma socialmente justa, ecologicamente equilibrada e economicamente viável. Assim, com fundamento na Constituição Federal e, sobretudo, no Estatuto da Cidade fomos trilhando os caminhos neste livro, que trata do Direito Urbanístico. Este ramo do direito que buscamos conceituar e definir, identificando seu objeto de estudo, a partir de teorias e teóricos que contribuem com essa discussão. Essa tarefa foi realizada no Capítulo 1.

Nesse diapasão, a discussão foi trazida para o contexto brasileiro, com o intuito de considerar a realidade nacional envolvendo o processo de urbanização brasileira. Conforme vimos no Capítulo 2, a partir da análise da obra do geógrafo Milton Santos, entendemos que este processo ocorreu de forma acelerada, concentrada e desordenada, gerando implicações para a efetivação de determinados direitos.

No Capítulo 3, tratamos das diretrizes e dos instrumentos de política urbana, e partimos em defesa da necessidade de os governos, as empresas, as comunidades e as organizações da sociedade civil trabalharem juntos para enfrentar os desafios impostos às nossas cidades, daí a importância do planejamento urbano, da gestão democrática da cidade, da conscientização acerca da necessidade do ordenamento territorial, e da utilização efetiva dos instrumentos de política urbana. Dessa análise torna-se claro

CONSIDERAÇÕES FINAIS

que planejar o espaço urbano requer a adoção e a compreensão de três dimensões distintas e indissociáveis, quais sejam, a concepção, a percepção e a vivência do espaço urbano, expressa pela tríade lefebvriana do espaço.

No tocante à análise conduzida no Capítulo 4, tecemos algumas considerações acerca da efetividade do princípio da função social da propriedade e da efetividade das normas jurídicas, sobretudo quando cotejamos essa aproximação com a análise do instrumento de desapropriação para fins urbanísticos. Este último instrumento de política urbana, em particular, nos proporcionou obter vários *insights* no tocante ao direito de propriedade e ao direito de moradia.

Assim, já no contexto da análise conduzida nos Capítulos 5 e 6, admitiu-se inicialmente a hipótese de que, nos casos em que a propriedade se encontra em situação de não conformidade com a política urbana estabelecida na Constituição Federal, existem sérios desafios que afetam a aplicação da efetividade do princípio da função social da propriedade.

De fato, conforme vimos na análise da desapropriação para fins urbanísticos, em raríssimas ocasiões as decisões têm como fundamento os arts. 182 e 183 da CRFB. Apesar disso, conclui-se que a efetividade do princípio constitucional da função social da propriedade é constatável em vários casos, seja no âmbito da jurisprudência do TJPR, bem como na jurisprudência do STJ.

Além disso, os casos que chegam até o STJ demonstram que o direito à propriedade é muitas vezes sopesado em relação ao direito de moradia, com decisões que necessariamente envolvem um exame acerca dos princípios da dignidade humana e da função social da propriedade.

Nessa perspectiva, importante mencionar que há uma tendência no sentido de indicar que as decisões apreciam bastante o exame da espécie de desapropriação por interesse social, quando na verdade tais decisões estão intrincadas com questões envolvendo, de maneira ampla, a desapropriação para fins urbanísticos. Em outras palavras, há uma arena de discussões em torno da aplicação das diferentes espécies de desapropriação, indicando que, entre uma e outra, há um estreito limiar a ser considerado.

Na identificação desse limiar, e objetivando a aplicação dos instrumentos da política urbana, necessário que haja maior atuação municipal para se consolidar a efetividade do princípio da função social da propriedade à luz da desapropriação para fins urbanísticos. A partir desse entendimento, seria possível minimizar as chances para que o disposto no § 4º do art. 182 da CRFB representasse a possibilidade de omissão dos entes municipais no tocante à propriedade que não cumpre sua função social.

Já o Capítulo 6 nos mostra que houve avanços consideráveis no tocante ao reconhecimento do direito fundamental à moradia, sobretudo amparados na defesa dos direitos humanos, no princípio da dignidade humana e na ratificação de tratados e convenções internacionais, numa perspectiva de políticas supranacionais, desveladas sob o manto das Nações Unidas, caracterizadas aqui principalmente pelas agendas urbanas Habitat, I, II e III.

Mais adiante, no Capítulo 7, a obra procurou tratar de um direito humano fundamental em específico, qual seja, o direito humano fundamental à moradia. E, neste ponto, o objetivo consistiu em analisar a hipótese de efetivação deste direito, porém, efetivação que, em tese, tende a se realizar pela via da judicialização das demandas sobre o tema.

O direito social e fundamental de moradia é um direito autônomo em relação aos demais direitos, de modo que não necessariamente sua efetivação está condicionada ao direito de propriedade. Portanto, o direito à moradia não se confunde com o de propriedade.

Por isso, atualmente, o direito fundamental à moradia passou a ter maior proteção jurisdicional. Não por acaso, direito de propriedade e direito de moradia são opostos quando colocados ao interesse de legítimos proprietários e cidadãos que se encontram na posse dos imóveis urbanos, gerando a judicialização das demandas no tocante ao direito fundamental à moradia. A partir dessa análise, destacamos a importância do papel do Estado, como garantidor do direito humano fundamental à moradia.

Do ponto de vista metodológico, importante destacar que nossa análise foi predominantemente qualitativa, de modo que a análise quantitativa, ainda que presente, serviu como complemento. Buscou-se analisar as especificidades dos casos que tenham possibilidade de aplicação em outros casos, ou entendimentos semelhantes, ao mesmo tempo em que o intuito era minimizar as chances de utilizar simples descrições casuísticas para confirmar ou não as hipóteses aqui aventadas.

No que concerne à pesquisa de jurisprudência, é possível afirmar que se trata de uma técnica extremamente útil e relevante. Os dados analisados sugerem que a utilização da CUEM como instrumento de política urbana é uma realidade constatável nas decisões proferidas pelos tribunais, sinalizando positivamente para a construção da hipótese de efetivação do direito humano fundamental à moradia a partir da utilização de tal instrumento de política urbana.

Os dados não tratam especificamente dos pedidos que porventura tenham sido realizados pela via administrativa antes de chegarem à via judicial. Da mesma forma, não analisa o problema da falta de acesso à justiça ou mesmo a atuação da Defensoria Pública do Estado do Paraná no tocante à tentativa de se chegar às camadas mais pobres da sociedade, que muitas vezes desconhecem a possibilidade de utilização da CUEM como instrumento que permite a efetivação do direito de moradia.

Contudo, a partir da análise da frequência do número de pedidos, que aumentaram significativamente entre 2016 e 2023, acredita-se que a efetivação pela via administrativa ainda é pouco observável nas cidades brasileiras, de modo que cada vez mais a busca pelo aparato estatal e, particularmente, do Judiciário se faz necessária para a efetivação do Direito.

Essa tendência pode ser atribuída em certa medida a uma indefinição quanto ao procedimento ou protocolo a ser adotado pelos municípios, muitos deles ainda elaborando seus próprios regulamentos e procedimentos no sentido de atender ao que dispõe o art. 4º, inciso V, alínea *h*, da Lei nº 10.257, de 10 de julho de 2001. Apesar disso, determinadas prefeituras já caminham no sentido de estabelecer procedimentos, e outras que inclusive já os implementam evitando, assim, a judicialização das demandas.

Com essas considerações em mente, conclui-se que as demandas judiciais envolvendo o pedido de CUEM têm aumentado gradualmente ao longo dos últimos anos, conforme vimos a partir da análise histórica dos pedidos junto ao STJ e, na escala estadual, utilizando como exemplo a análise da jurisprudência do TJPR.

A análise dos dados de jurisprudência nos permite afirmar que é admissível a hipótese de que o Estado brasileiro estaria assegurando o direito humano fundamental à moradia a partir da efetivação do instrumento da CUEM. Isso porque alguns casos que chegaram ao TJPR e ao STJ de fato foram conhecidos e providos, sugerindo que o direito humano fundamental à moradia tende a ser efetivado pela via judicial, atendidos os requisitos estabelecidos na legislação.

Como limitação importante do estudo destaca-se a necessidade de expandir a pesquisa jurisprudencial para dar mais profundidade à análise.

Neste aspecto, o trabalho apenas iniciou esta abordagem explicitando a análise de dois julgados: Processos nºs 0004067-17.2020.8.16.0024 e 0001119-63.2016.8.16.0050 do TJPR. Embora representativos, de fato, são limitados para se confirmar de maneira robusta a hipótese de efetivação do direito de moradia a partir da utilização da CUEM como instrumento de política urbana. Logo, é necessária a realização de pesquisas futuras para aprofundar essa análise expandindo o número de casos a serem analisados ou, quiçá, fazendo esforço semelhante quanto à análise do mesmo instrumento de política urbana na jurisprudência de outros Tribunais de Justiça do país.

A partir da análise é possível admitir ainda que o direito à moradia é um direito humano que foi recepcionado pela CRFB/1988 e, ainda que lenta e gradualmente, está sendo efetivado, seja pela via administrativa (menos provável) ou judicial, conforme fora demonstrado neste trabalho.

Em certa medida isso pode ser atribuído aos avanços alcançados no estabelecimento das normas que tratam do desenvolvimento urbano. Como exemplo, vimos que, associado ao princípio da dignidade humana, há ainda o princípio da função social da propriedade, assegurado pela Constituição da República e instrumentalizado por meio do Estatuto da Cidade (Lei nº 10.257, de 2001).

O Estatuto da Cidade, que veio logo na virada do século XXI, trouxe importantes instrumentos de política urbana que podem contribuir no sentido de assegurar o direito humano fundamental à moradia. Daqui surgem a desapropriação para fins urbanísticos, a regularização fundiária, a CUEM, entre outros.

Muitos desses instrumentos de política urbana foram pouco explorados nessa ocasião, de modo que representam a enorme lacuna deixada neste livro. Mas, ao mesmo tempo, deixam a perspectiva de que futuras obras poderão se dedicar a essas questões e demonstrar que tais instrumentos podem ser muito úteis na luta pelo direito à cidade e pela efetividade do direito humano fundamental à moradia, conforme começamos a demonstrar a partir da análise da utilização do instrumento da CUEM.

Posto isso, a análise nos mostra como a literatura apresentada e a abordagem teórica discutidas guardam estreita relação com as descobertas feitas com a análise jurisprudencial, de modo que os avanços alcançados, ainda que relevantes, ocorrem lentamente quando comparados à velocidade com a qual o processo de urbanização se desenvolve.

Nessa perspectiva, fica evidente na obra de teóricos, como Ermínia Maricato, que os avanços não ocorreram conforme se imaginava no tocante à efetivação da política urbana brasileira. Tal posicionamento é reforçado na obra de Edésio Fernandes, que aponta para as dificuldades encontradas do ponto de vista da gestão urbano-ambiental, haja vista a herança que a urbanização intensiva e desordenada deixou, como bem observara anteriormente Milton Santos.

Apesar disso, Edésio Fernandes sinaliza para uma perspectiva promissora, de esperança, a partir das mudanças, dos instrumentos e das possibilidades que a Constituição Federal permitiu vislumbrar. Ou seja, a efetivação da política urbana e de seus instrumentos é uma questão aberta ao debate. Por isso, o direito à cidade e a efetivação do direito de moradia ainda merecem muita atenção para que haja o desenvolvimento de políticas públicas, e que elas venham acompanhadas de regulação, promoção e alfabetização urbanística, de modo que todos os cidadãos compreendam a importância da efetivação deste direito para a efetivação de tantos outros direitos.

Por último, mas não menos importante, entende-se que a utilização efetiva dos instrumentos de política urbana é capaz de exercer enorme impacto na promoção da justiça social, na redução das desigualdades e na efetivação de diversos direitos humanos fundamentais. Se este livro conseguiu demonstrar que, por meio de nossa Constituição Cidadã e dos instrumentos de política urbana contidos no Estatuto da Cidade há um caminho possível para se pensar e agir visando o pleno desenvolvimento de nossas cidades, então nossa tarefa foi cumprida.

POSFÁCIO

Alceli Ribeiro Alves me convida a *posfaciar* o seu último trabalho: alegria e honraria porquanto bem o conheço de nossas jornadas acadêmicas comuns, da graduação à pós-graduação na UNINTER, e posso testemunhar o grandioso e dedicado professor-pesquisador que é o autor.

Assisti à sua defesa de dissertação em Direito. Já doutor e professor de Geografia e Educação, buscou na ciência jurídica a fundamentação teórica que complementa o trabalho fenomenal agora intitulado *Direito Urbanístico*. Poucas vezes na história tivemos a oportunidade de ler um *Doutor em Geografia* e ao mesmo tempo *Mestre em Direito* produzir essa preciosidade que convém denominar "Geografia do Direito". O genial Milton Santos (também geógrafo e jurista) que o diga.

Recordo-me de outro magistral geógrafo, um clássico da área, Vidal de La Blache, que através de suas fundantes perspectivas metodológicas em Geografia fomentou uma das mais retumbantes escolas historiográficas da contemporaneidade: a Escola dos *Annales* – fundada por Marc Bloch e Lucien Febvre precisamente sob influência (ou inspiração) do geógrafo francês. Aqui, na historiografia, inaugurava-se a *interdisciplinariedade* da "Nova História".

A História do Direito consagrou sua tradição. Desde meados do século XX, especialmente em Portugal e Itália – destaque para António Manuel Hespanha e Paolo Grossi –, vem fazendo escola mundo afora, e chega há pouco no Brasil pela pena de Ricardo Marcelo Fonseca (UFPR) que aponta essa metodologia para o manejo do conhecimento histórico-jurídico, diferentemente de como era lida a história nos tempos do (jus) positivismo e do Direito Romano.

Porém, a "Geografia do Direito" é inusitada e inovadora. Ouso dizer que Alceli Ribeiro Alves se encontra numa espécie de *primeira geração* desse movimento no Brasil. (Note-se que o movimento, em nível global, se inicia há menos de 50 anos, na Inglaterra e EUA, com a *Critical Legal Geography*.)

Por que digo que Alceli Ribeiro Alves escreve um trabalho de "Geografia do Direito", quando estamos diante de um manual de Direito Urbanístico, como outras centenas de títulos idênticos a esse? Porque o texto de Alceli Ribeiro Alves não se limita a ser um manual. Não obstante aborde elementos básicos como conceito de cidade, direito fundamental à moradia, estatuto da cidade, conceito de propriedade, desapropriação e concessão de uso especial para fins de moradia etc., a cada abordagem o jurista Alceli Ribeiro Alves faz aflorar o geógrafo Alceli Ribeiro Alves, e com conhecimento de causa vai esculpindo minuciosamente o conceito jurídico à luz das categorias – e metodologias – da Geografia. Eis um exemplo elucidativo, quando versa sobre o conceito de cidade:

> [...] a cidade existe independentemente daquilo que nossa consciência possa pensar ou admitir acerca dela. Assim, entende que, apesar de construída na consciência do ser humano, a cidade não é fruto de uma abstração intelectual, de um esforço intelectivo, pois a cidade existe realmente fora do indivíduo, de maneira concreta, como um produto social real. (p. 15)

Outro exemplo, na construção crítica de uma abordagem sobre o Estatuto da Metrópole:

> É nesse contexto que surge a Lei nº 13.089, de 12 de janeiro de 2015, o Estatuto da metrópole, que vem ao encontro na tentativa de mitigar os conflitos envolvendo o planejamento e gestão de cidades e aglomeração urbana. Em tese, permitindo que os Estados possam instituir regiões metropolitanas e aglomeração urbanas, constituídas por agrupamentos de municípios limítrofes, com o intuito de integrar a organização, o planejamento e a execução de funções públicas de interesse comum, conforme expressa o art. 3º da referida lei.

Ocorre que, e isso é importante destacar, no processo de aplicação das disposições do Estatuto da metrópole, as ações são concebidas dentro de um sistema mais amplo, digamos supranacional ou mesmo global, que abarca a reestruturação produtiva, no qual o capital financeiro exerce enorme influência nos investimentos, públicos e privados, que afetam diretamente o planejamento e a gestão de cidades." (p. 45)

Aqui se lê a verve de uma *geografia crítica* comprometida com o entendimento da estrutura econômica que se sobrepõe aos pequenos interesses, gerando consequências no planejamento – e no próprio modo de vida – da urbe. (Veja-se, a respeito, o necessário e elucidativo Subcapítulo 2.4, sobre a Comunidade Portelinha.)

E outro exemplo, quanto ao direito de propriedade, em que traz o robusto complemento teórico de dois gigantes: Edson Fachin e Milton Santos. É o que alude o autor:

> [...] a propriedade está relacionada a outros fatores que constroem uma sociedade e uma cidade mais justa, observando as necessidades da coletividade. Daí o direito de propriedade hoje estar diretamente relacionado à questão do direito à moradia, pois a moradia nos permite construir a noção de lugar, de identidade, do sentimento de pertença, onde a carga à subjetividade é significativa na relação entre sujeito e meio (Alves, 2024).
> O conceito de identidade é importante nesse contexto, dada a relação que se estabelece entre os seres humanos e o espaço da vida, o cotidiano das relações sociais mediadas pelo meio. Nesse sentido, o conceito de identidade nos faz recordar de uma realidade muitas vezes esquecida ou ignorada em nosso cotidiano, a de que a identidade, conforme observa Milton Santos (2007, p. 14) se refere ao "sentimento de pertencer àquilo que nos pertence". A partir dessa perspectiva, Fachin (1996, p. 1) defende que "enfrentar essa questão é mister imprescindível para colocar o direito rente à vida, a serviço desta e da realização de necessidades vitais". No entendimento do citado magistrado, significa ainda refletir sobre "o espaço que deve ser o lugar de vida, no qual a potencialidade dos indivíduos e das pessoas em conjunto se manifesta e se desenvolve, e não apenas um traçado horizontal de confinamento e desterro" (Fachin, 1996, p. 1).
> Portanto, conforme expressa a Constituição da República Federativa do Brasil de 1988, e o Estatuto da Cidade, o instituto da propriedade tem como princípio basilar a função social da propriedade. Isso

POSFÁCIO

significa que o direito à propriedade não pode ser considerado como um direito absoluto, mas sim relativo, limitado. (p. 74)

Posso ainda referenciar, dentre tantas outras passagens, a base epistemológica de Thomas Kuhn, apreciada por Alceli Ribeiro Alves na formulação de uma metodologia própria à reflexão jurisprudencial aplicada ao Direito Urbanístico. A "revolução paradigmática" proposta pelo físico estadunidense adentra ao texto do nosso jurista-geógrafo como pressuposto de entendimento da mudança da realidade [das cidades, do urbano], capaz de suscitar a alteração dos problemas [das cidades, do urbano]. Crises paradigmáticas são, então, resolvidas por revoluções paradigmáticas, e essa dialética é permanente – tal como são permanentes as mazelas das cidades e dos seus respectivos direitos (percebamos aqui a mutabilidade permanente do Direito Urbanístico). Vejamos como, adiante, o autor lida com isso:

[...] as respostas para os problemas urbanos requerem uma visão holística e sistêmica de sociedade e do Direito, na medida em que cada agente se apropria da cidade e, a partir dessa relação a transforma, transformando a si mesmo e a sociedade dialeticamente. Assim, governo, família, igreja, empresas, entre outros, todos tem um papel a desempenhar em prol da garantia da ordem urbana e social. (p. 36)

É isso, afinal, a "Geografia do Direito"!

O prefácio dessa obra, magistralmente escrito por Camila Bottaro Sales Coelho, deu conta de resgatar o plano da obra. Nada mais há que se acrescer nesse ponto. Resta apenas louvar o intelectual zeloso Alceli Ribeiro Alves e a Editora Freitas Bastos pelo grandioso livro que ora se apresenta à comunidade: texto interdisciplinar deveras útil ao público do Direito Civil, Urbanístico e Imobiliário, e ao público da Geografia Urbana.

Com os meus efusivos e sinceros cumprimentos,

André Peixoto de Souza
Doutor em Direito pela UFPR
Doutor em Educação pela UNICAMP
Pesquisador do PPGD-UNINTER
Professor da FD-UFPR

REFERÊNCIAS BIBLIOGRÁFICAS

ACYPRESTE, R. de. **Direito à moradia e o Poder Judiciário:** decisões que envolvem o MTST. Rio de Janeiro: Lumen Juris, 2017.

ALFONSIN, B.; FERNANDES, E. **Direito à moradia e segurança da posse no estatuto da cidade:** diretrizes, instrumentos e processo de gestão. Belo Horizonte: Fórum, 2001.

ALGUACIL, J. Espacio público y espacio político: la ciudad como el lugar para las estrategias de participación. **Polis**, Santiago, v. 7, n. 20, p. 199--223, 2008. Disponível em: http://www.scielo.cl/scielo.php?script=sci_arttext&pid=S0718-65682008000100011&lng=es&nrm=iso. Acesso em: 21 jun. 2024.

ALVARENGA, L. C. A concessão de uso especial para fins de moradia como instrumento de regularização fundiária e acesso à moradia. **Revista de Direito Imobiliário**, v. 65, jul. 2008.

ALVES, A. R. **A efetividade do princípio constitucional da função social da propriedade à luz da desapropriação.** 2022. 34 fl. Monografia (Bacharelado em Direito). Faculdade de Direito, Centro Universitário Internacional UNINTER, Curitiba, 2022.

ALVES, A. R. **Direito urbanístico**. Roteiro de Estudos. Curitiba: UNINTER, 2024.

ALVES, A. R. **Geografia econômica e geografia política.** Curitiba: Intersaberes, 2015.

ALVES, A. R.; BRANDENBURG, E. J. **Cidades educadoras:** um olhar acerca da cidade que educa. Curitiba: Intersaberes, 2018.

ALVES, A. R.; CASTANHEIRA, N. P. Projetos inovadores, contextos fundamentais e lacunas de pesquisa na perspectiva das cidades educadoras. **Revista Intersaberes**. v. 16, n. 39, set./dez. 2021. Disponível em: https://www.revistasuninter.com/intersaberes/index.php/revista/article/view/2197. Acesso em: 31 maio 2023.

ALVES, E. B. Um olhar para as teorias da prática social: o discurso como prática [de dominação do] social e o seu agir prático nas organizações. **Revista Cadernos de Ciências Sociais da UFRPE**, v. 1, n. 19, p. 67-88, 2022.

ALVES, J. A. **The Anti-Black City:** police terror and black urban life in Brazil. Minneapolis; London: University of Minnesota Press, 2018.

ALVIM, J. M. de A.; CAMBLER, E. A. **Estatuto da Cidade.** São Paulo: Revista dos Tribunais, 2014.

ARAÚJO, J. de S. **Tripartição dos poderes e funções essenciais à justiça**. Curitiba: Intersaberes, 2021.

ARRUDA JÚNIOR, E. L. de (Org.). **Lições de direito alternativo.** São Paulo: Acadêmica, 2001.

BACILA, M. S. Cidades educadoras: um estado da arte entre 1990 e 2020 e a relação com a educação formal. **Revista Intersaberes**, 16(39), p. 1034-1048, 2021.

BALTAR, A. B. **Introdução ao Planejamento Urbano.** Recife, *[S.e.]*,1957.

BALTHAZAR, U. C.; STOBE, L. A. F. O direito social de moradia viabilizado pela vinculação da receita tributária. **Unoesc internacional legal seminar**, v. 2, p. 505-519, 2013.

BANDEIRA DE MELLO, C. A. **Curso de Direito Administrativo**. 27. ed. São Paulo: Malheiros, 2010.

BARBOSA FILHO, U. R. Crise estrutural, crise urbana e militarização do território: uma análise sobre o urbanismo miliciano-militar no Rio de Janeiro. **Espaço e Economia**, n. 22, p. 1-19, 2021.

REFERÊNCIAS BIBLIOGRÁFICAS

BARROSO, L. R. **O Direito Constitucional e a efetividade de suas normas:** limites e possibilidades da constituição brasileira. 8. ed. Rio de Janeiro: Renovar, 2006.

BATISTA, V. M. **O medo na cidade do Rio de Janeiro:** dois tempos de uma história. Rio de Janeiro: Revan, 2003.

BENACCHIO, M.; CASSETTARI, D. Regularização fundiária urbana como efetivação do direito humano à moradia adequada. In: LEVY, W.; NALINI, J. R. (Org.). **Regularização fundiária urbana.** 2. ed. Rio de Janeiro: Forense, 2014.

BITTENCOURT, M. A função social da cidade, as cidades sustentáveis e a propriedade. In: AIETA, V. (Coord.). **Cadernos de direito da cidade:** estudos em homenagem à professora Maria Garcia. Rio de Janeiro: Lumen Juris, 2014. p. 231-261. (Série I).

BODNAR, Z.; ALBINO, P. L. As múltiplas dimensões do direito fundamental à cidade. **Revista Brasileira de Políticas Públicas**, v. 10, n. 3, p. 109-123, dez. 2020. Disponível em: https://doi.org/10.5102/rbpp.v10i3.7193. Acesso em: 07 jun. 2023.

BONAFÉ, J. M. A cidade como currículo. Entrevista cedida a Ana Luiza Basilio. **Portal do aprendiz**, São Paulo, 12 nov. 2014. Disponível em: https://portal.aprendiz.uol.com.br/2014/11/12/cidade-como-curriculo-pesquisador-espanhol-desafia-escola-olhar-rua. Acesso em: 29 set. 2023.

BONDUKI, N. **Origens da habitação social no Brasil:** arquitetura moderna, Lei do Inquilinato e difusão da casa própria. 7. ed. São Paulo: Estação Liberdade, 2017.

BRASIL. **Constituição da República Federativa do Brasil de 1988**. Brasília, DF: Presidência da República, [2022]. Disponível em: http://www.planalto.gov.br/ccivil_03/constituicao/constituicao.htm. Acesso em: 21 jun. 2024.

BRASIL. **Decreto-Lei nº 4.657, de 4 de setembro de 1942**. Lei de Introdução às Normas do Direito Brasileiro. Brasília, DF: Presidência da República,

[1942]. Disponível em: http://www.planalto.gov.br/ccivil_03/decreto-lei/del4657compilado.htm. Acesso em: 31 maio 2023.

BRASIL. **Lei nº 5.172, de 25 de outubro de 1966**. Código Tributário Nacional. Disponível em: https://www.planalto.gov.br/ccivil_03/leis/l5172compilado.htm. Acesso em: 21 jun. 2024.

BRASIL. **Lei nº 10.257, de 10 de julho de 2001**. Brasília, DF: Presidência da República, [2001]. Disponível em: http://www.planalto.gov.br/ccivil_03/leis/leis_2001/l10257.htm. Acesso em: 31 maio 2023.

BRASIL. **Lei nº 10.406, de 10 de janeiro de 2002**. Código Civil. Disponível em: https://www.planalto.gov.br/ccivil_03/leis/2002/l10406compilada.htm. Acesso em: 21 jun. 2024.

BRASIL. **Lei nº 13.465, de 11 de julho de 2017**. Regularização fundiária rural e urbana. Disponível em: L13465 (planalto.gov.br). Acesso em: 08 out. 2024.

BRASIL. **Medida Provisória nº 2.220, de 04 de setembro 2001**. Disponível em: http://www.planalto.gov.br/ccivil_03/mpv/2220.htm. Acesso em: 23 mar. 2023.

BRASIL. SUPREMO TRIBUNAL FEDERAL. **STF define parâmetros para nortear decisões judiciais a respeito de políticas públicas.** 2023. Disponível em: https://portal.stf.jus.br/noticias/verNoticiaDetalhe.asp?idConteudo=510329&ori=1. Acesso em: 14 abr. 2024.

CAMPOS, D. F. dos R. C. P. de. Desapropriação como instrumento de execução da política urbana. **Revista Jus Navigandi**, Teresina, ano 15, n. 2522, 28 maio 2010. Disponível em: https://jus.com.br/artigos/14924/desapropriacao-como-instrumento-de-execucao-da-politica-urbana. Acesso em: 31 maio 2023.

CANOTILHO, J. J. G. **Constituição dirigente e vinculação do legislador:** contributo para a compreensão das normas constitucionais programáticas. Coimbra: Coimbra, 1982.

REFERÊNCIAS BIBLIOGRÁFICAS

CANOTILHO, J. J. G. **Direitos fundamentais sociais**. São Paulo: Saraiva, 2010.

CARLOS, A. F. A. **A Cidade**. São Paulo: Contexto, 2021.

CARLOS, A. F. A; VOLOCHKO, D.; ALVAREZ, I. P. **A cidade como negócio**. São Paulo: Contexto, 2015.

CARVALHO, M. R. D. de. **Relações Jurídicas de Vizinhança**: considerações propositivas. 2019. 121 fl. Dissertação (Mestrado em Direito Civil) – Faculdade de Direito, Universidade de São Paulo, São Paulo, 2019.

CARVALHO FILHO, J. dos S. **Comentários ao Estatuto da Cidade**. 5. ed. São Paulo: Atlas, 2013.

CARVALHO FILHO, J. dos S. **Manual de Direito Administrativo**. 35. ed. São Paulo: Atlas, 2021.

CASARIN, H. de C. S.; CASARIN, Samuel José. **Pesquisa científica:** da teoria à prática. Curitiba: Intersaberes, 2012.

CASSETTARI, C.; SALOMÃO, M. C. **Registro de Imóveis**. 3. ed. Indaiatuba: Foco, 2024.

CLAUDINO, S.; DOMENECH, A. R. **Nosotros proponemos**. Barcelona: Graó, 2018.

COELHO, L. X.; CUNHA, I. M. Direito a cidade contra o desenvolvimento. **Direito e Praxis**, v. 11, n. 1, 2020.

COHEN, J. Deliberation and democracy legitimacy. In: **The good polity:** normativa analysis of the state. Oxford: Basil Blackwell, 1989.

CORTIANO JUNIOR, E.; SCHAEFER, F.; ROBL FILHO, I. N.; KANAYAMA, R. L. (Org.). **Ensino jurídico e desafios contemporâneos** – Coleção Comissões. 1. ed. Curitiba: OAB, 2014. v. 1.

COSTA, R. S. A intrincada relação entre os direitos à moradia e ao meio ambiente equilibrado. **Fórum de Direito Urbano e Ambiental – FDUA**, Belo Horizonte, ano 12, n. 68, p. 67-71, mar./abr. 2013

CUNHA, A. dos S.; SILVA, P. E. A. (Coord.). **Pesquisa empírica em Direito**. Rio de Janeiro: Ipea, 2013.

CYRILLO, R. M. **A efetividade das normas constitucionais ambientais referentes à função socioambiental da propriedade**. 198f. Dissertação (Mestrado em Direito) – Faculdade de Direito da Universidade Federal de Pernambuco, Recife, 2003. Disponível em: https://attena.ufpe.br/handle/123456789/4805. Acesso em: 31 maio 2023.

DI PIETRO, M. S. Z. **Direito Administrativo**. 33. ed. Rio de Janeiro: Forense, 2020.

DIDIER JUNIOR, F. A função social da propriedade e a tutela processual da posse. **Revista de Processo**, São Paulo, v. 33, n. 161, p. 9-20, jul. 2008. Disponível em: https://direito.mppr.mp.br/arquivos/File/Politica_Agraria/3diderjrfuncaosocial.pdf Acesso em: 31 maio 2023.

DIDIER JUNIOR, F. **Curso de Direito Processual Civil:** introdução ao Direito Processual Civil, parte geral e processo de conhecimento. 22. ed. Salvador: JusPodivm, 2020.

DINIZ, M. H. **Curso de Direito Civil Brasileiro:** direito das coisas. 35. ed. São Paulo: Saraiva, 2021. v. 4.

FACHIN, L. E. A cidade nuclear e o direito periférico: reflexões sobre a propriedade urbana. **Revista dos Tribunais**, São Paulo, v. 85, n. 723, p. 107-110, jan. 1996.

FAGUNDES, M. S. O controle dos atos administrativos pelo Poder Judiciário. São Paulo: Saraiva, 1984.

FERNANDES, E. **Direito urbanístico e política urbana no Brasil**. Belo Horizonte: Del Rey, 2001.

REFERÊNCIAS BIBLIOGRÁFICAS

FERREIRA FILHO, M. G. **Direitos humanos fundamentais**. 15. ed. São Paulo: Saraiva, 2016.

FILHO, A. J. C. da *et al.* (Coord.). **Direito urbanístico, ambiental e imobiliário**: a partir de casos complexos. Indaiatuba: Foco, 2022. p. 7-22.

FIORILLO, C. A. P.; FERREIRA, R. M. **Estatuto da Cidade comentado**. 7. ed. São Paulo: Saraiva, 2019.

FONSECA, A. do R. M. **Infâncias aqui e lá:** configurações sociais de crianças reassentadas na periferia de Curitiba. Curitiba, 2019. 188f. Dissertação (Mestrado em Educação), Universidade Federal do Paraná. Programa de Pós-Graduação em Educação.

FRASER, N. Rethinking the public sphere: a contribution to the critique of actually existing democracy. **Social text**, n. 25/26, p. 56-80, 1990.

FUNDAÇÃO JOÃO PINHEIRO – FJP. **Déficit habitacional no Brasil:** 2016--2019. Belo Horizonte: FJP, 2021.

GASPARINI, D. **Direito Administrativo**. 5. ed. São Paulo: Saraiva, 2000.

GASPARINI, D. **Direito Administrativo**. 17. ed. São Paulo: Saraiva, 2012.

GEDIEL, J. A. P.; CORRÊA, A. E. Reforma agrária e Judiciário brasileiro: tensões entre propriedade liberal e o princípio da função social. **Revista de Direito Civil Contemporâneo**, São Paulo, v. 3, n. 2, p. 81-98, abr.-jun. 2015.

GOHN, M. da G. **Movimentos sociais e luta pela moradia**. São Paulo: Edições Loyola, 1991.

GONÇALVES, R. J. A superioridade racial em Immanuel Kant: as justificações da dominação europeia e suas implicações na América Latina. **Kínesis**, v. 7, n. 13, 2015.

GRAU, E. R. **A ordem econômica na constituição de 1988:** interpretação e crítica. 19. ed. São Paulo: Malheiros, 2010.

GUEDES, N. de O. B. **Para uma crítica à concretização das normas constitucionais a partir de José Joaquim Gomes Canotilho**. 1995. Dissertação (Mestrado em Direito) – Universidade Federal de Santa Catarina, 1995.

GULLO, F. R. **Apagão das canetas:** análise econômica da responsabilidade da improbidade administrativa. Rio de Janeiro, 2022. 145f. Dissertação (Mestrado em Direito) – Escola de Direito do Rio de Janeiro da Fundação Getúlio Vargas, 2022.

HABERMAS, J. **A inclusão do outro:** estudos de teoria política. São Paulo: Unesp, 2018.

HAESBAERT, R. Ordenamento territorial. **Boletim Goiano de Geografia**, Goiânia, v. 26, n. 1, p. 117-124, 2008. Disponível em: https://revistas.ufg.br/bgg/article/view/3572. Acesso em: 7 jun. 2023.

HARADA, K. **Desapropriação:** doutrina e prática. 11. ed. São Paulo: Atlas, 2015.

HARVEY, D. **A produção capitalista do espaço.** São Paulo: Annablume, 2005.

HARVEY, D. **Se a cidade fosse nossa**. Canal Se o Estado do Rio Fosse Nosso. 2015. Disponível em: https://www.youtube.com/watch?v=PW_ejJOR0tM. Acesso em: 27 jun. 2024.

HARVEY, D. The right to the city. **New Left Review**, n. 53, set./out. 2008. Disponível em: https://newleftreview.org/issues/ii53/articles/david-harvey-the-right-to-the-city. Acesso em: 7 jun. 2023.

HENRIQUES, A.; MEDEIROS, J. B. **Metodologia científica na pesquisa jurídica**. 9. ed., rev. e reform. São Paulo: Atlas, 2017.

INSTITUTO BRASILEIRO DE GEOGRAFIA E ESTATÍSTICA – IBGE. **Censo de 2022**. Disponível em: https://sidra.ibge.gov.br/pesquisa/censo-demografico/demografico-2022/primeiros-resultados-populacao-e-domicilios. Acesso em: 23 ago. 2023.

REFERÊNCIAS BIBLIOGRÁFICAS

INSTITUTO BRASILEIRO DE GEOGRAFIA E ESTATÍSTICA – IBGE. **Censos demográficos**. Disponível em: https://www.ibge.gov.br/. Acesso em: 07 jun. 2023.

INSTITUTO BRASILEIRO DE GEOGRAFIA E ESTATÍSTICA – IBGE. **IBGE está preparado para o desafio de recensear aglomerados subnormais**. Disponível em: https://agenciadenoticias.ibge.gov.br/agencia-noticias/2012-agencia-de-noticias/noticias/33974-ibge-esta-preparado-para-o-desafio-de-recensear-aglomerados-subnormais. Acesso em: 23 ago. 2023.

INSTITUTO BRASILEIRO DE GEOGRAFIA E ESTATÍSTICA – IBGE. **O que é cidade**. Disponível em: https://www.ibge.gov.br/geociencias/organizacao-do-territorio/estrutura-territorial/27385-localidades.html?=&t=o-que-e. Acesso em: 30 maio 2023.

KANT, I. **A fundamentação da metafísica dos costumes**. Lisboa: Edições 70, 2011.

KANT, I. **A metafísica dos costumes**. 2. ed. revista. Tradução e textos adicionais de Edson Bini. São Paulo: EDIPRO, 2008.

KELLER, R. J.; BELLO, E.; COSTA, S. R. de O. Democracia e participação popular nos 20 anos do Estatuto da Cidade. **Revista da Faculdade de Direito da FMP**, v. 16, n. 2, p. 100-116, 16 dez. 2021.

KNEBEL, N. M. P.; FORNASIER, M. de O.; BORGES, G. S. Social participation in urban planning as a human right /Participação social no planejamento urbano como direito humano. **Revista Direito e Práxis**, *[S. l.]*, v. 14, n. 3, p. 1686-1713, 2023. Disponível em: https://www.e-publicacoes.uerj.br/revistaceaju/article/view/62903. Acesso em: 9 nov. 2023.

KÖCHE, J. C. **Fundamentos de metodologia científica:** teoria da ciência e iniciação à pesquisa. 34. ed. Petrópolis: Vozes, 2015.

KUHN, T. **A estrutura das revoluções científicas**. São Paulo: Perspectiva, 1987.

LAUBÉ, V. R. Desapropriação urbanística. **Revista de Informação Legislativa**, Brasília, v. 29, n. 114, p. 205-228, abr.-jun.1992.

LEFEBVRE, H. **O direito à cidade**. Tradução de Rubens Eduardo Frias. São Paulo: Centauro, 2001.

LEHFELD, L. DE SOUZA.; LÉPORE, P. E.; FERREIRA, O. A. V. A. **Monografia jurídica:** guia prático para elaboração do trabalho científico e orientação metodológica. 2. ed. São Paulo: Método, 2015.

LEHFELD, N. A. S. **Uma abordagem populacional para um problema estrutural:** a habitação. Rio de Janeiro: Vozes, 1988.

LENCIONI, S. Observações sobre o conceito de cidade e urbano. São Paulo: GEOUSP – **Espaço e Tempo**, n. 24, p. 109-123, 2008.

LERNER, J. **Acupuntura urbana**. 7. ed. Rio de Janeiro: Record, 2013.

LIBÓRIO, D. C.; SAULE JÚNIOR, N. Princípios e instrumentos de política urbana. In: NUNES JR., V. S. *et al.* (Coord.). **Enciclopédia jurídica da PUC-SP**. 1. ed. São Paulo: Pontifícia Universidade Católica de São Paulo, 2017. Tomo: Direito Administrativo e Constitucional.

LISBOA, J. H. L. **A concessão de uso especial para fins de moradia e a regularização fundiária:** institutos jurídicos da política urbana, nos termos da Lei nº 13465/2017. São Paulo: Dialética, 2022.

MAGALHÃES, C. S. M. de. **Direito à moradia e gestão social da valorização fundiária**. Dissertação (Mestrado em Direito) – Programa de Pós-graduação em Direito, Universidade do Estado do Rio de Janeiro, Rio de Janeiro, 2016.

MAIA, M. C. História do Direito no Brasil – os direitos humanos fundamentais nas constituições brasileiras. **Revista JurisFIB**, v. III, a. III, p. 267-283, 2012. Disponível em: https://revistas.fibbauru.br/jurisfib/article/view/151/134. Acesso em: 15 set. 2023.

MALUF, S. **Teoria Geral do Estado**. 30. ed. São Paulo: Saraiva, 2010.

REFERÊNCIAS BIBLIOGRÁFICAS

MARCONI, M. de A.; LAKATOS, E. M. **Metodologia científica**. 8. ed. São Paulo: Atlas, 2017.

MARICATO, E. **O impasse da política urbana no Brasil**. 3. ed. Petrópolis: Vozes, 2014.

MARRA, N. C.; GONÇALVES, R. G. O desafio da efetivação do direito à cidade nas metrópoles. **Revista Tecer,** v. 4, n. 7, p. 58-70, 2011.

MARRARA, T. Concessão de uso especial para fins de moradia (CUEM): o que mudou em seu regime jurídico desde a Constituição de 1988 até a Lei n. 13.465 de 2017?/Special use concession for housing purposes (CUEM): what has changed since the 1988 Republican Constitution until the Federal Act n. 13.465/2017?. **Revista de Direito da Cidade,** [S. l.], v. 11, n. 1, p. 310-330, 2019.

MARTINS, R. **REURB:** como a execução fiscal contribuiu para a Justiça de Tramandaí-RS regularizar imóveis. São Paulo: Dialética, 2023.

MARTINS, R.; MARTINS, E. S. S. O RESp 1.930.735/STJ e o direito à moradia. **Informativo Migalhas**, v. 01, p. 01-08, 2023. Disponível em: https://www.migalhas.com.br/depeso/385296/o-resp-1-930-735-stj-e-o-direito-a-moradia. Acesso em: 07 fev. 2024.

MEIRELLES, H. L. **Direito Administrativo brasileiro.** 44. ed. Salvador: JusPodivm, 2019.

MEIRELLES, H. L. **Direito municipal brasileiro.** 19. ed. Salvador: JusPodivm, 2021.

MENEZES, Rafael Lessa Vieira de Sá. **Crítica do direito à moradia e das políticas habitacionais.** Rio de Janeiro: Lumen Juris, 2017.

MESQUITA, D. L. de. Cidadania desde a infância e educação para a democracia: da negação da fala à perspectiva de fortalecimento da voz da criança. **Revista Brasileira de Educação,** v. 27, p. 270066, 2022.

MESQUITA, L. de F. R.; PACHECO JÚNIOR, J. M.; FERREIRA, P. M. de S.; GALVÃO, V. N. de S; MELO, J. P. de S.; CHAVES, A. R. F. Planejamento e ordenamento territorial urbano no cenário pós-pandemia da Covid-19: previsões e considerações. *In*: **PLURIS 2021** – 9º Congresso Luso-Brasileiro para o Planejamento Urbano, Regional, Integrado e Sustentável – Pequenas cidades, grandes desafios, múltiplas oportunidades, 2021, Bauru. **Anais** [recurso eletrônico] do 9º Congresso Luso-Brasileiro para o Planejamento Urbano, Regional, Integrado e Sustentável: pequenas cidades, grandes desafios, múltiplas oportunidades, Bauru, 07-09 abr. 2021. Bauru: UNESP/FAAC: FEB, 2021. v. 1, p. 1-13.

MESURINI, M. da C. História do Direito Administrativo no Brasil (1937-1964): o debate em torno das delegações legislativas. **Revista da Faculdade de Direito da Universidade Federal do Rio Grande do Sul**, v. 1, p. 59-84, 2016.

MINISTÉRIO PÚBLICO DO PARANÁ. **Considerações técnicas nº 10/2013.** Disponível em: https://urbanismo.mppr.mp.br/arquivos/File/CT_10_2013_CUEM.pdf. Acesso em: 23 mar. 2023.

MUKAI, T. **Direito Urbano e Ambiental**. 4. ed. Belo Horizonte: Fórum, 2010.

NATIONAL BUREAU OF STATISTICS OF CHINA – NBSC. **Population and its composition**. Disponível em: https://www.stats.gov.cn/sj/ndsj/2012/indexeh.htm. Acesso em: 9 abr. 2024.

NOVAIS, J. R. **Contributo para uma Teoria do Estado de Direito:** do Estado de Direito Liberal ao Estado Social e Democrático de Direito. São Paulo: Almedina, 2006.

NUNES, D. H.; NETTO, C. E. M.; LEHFELD, N. A. de S. Do direito de moradia ao direito à moradia: perspectiva inclusiva da propriedade para concreção da dignidade da pessoa humana. **Revista da Faculdade de Direito da UFRGS**, Porto Alegre, n. 51, p. 51-81, 2023.

NUNES, D. H.; NETTO, C. E. M.; LEHFELD, N. A. de S. **Monografia jurídica**: guia prático para elaboração do trabalho científico e orientação metodológica. 2. ed. São Paulo: Método, 2015.

REFERÊNCIAS BIBLIOGRÁFICAS

ORGANIZAÇÃO DAS NAÇÕES UNIDAS – ONU. **World Population Prospects 2022:** summary of results. Department of Economic and Social Affairs/Population Division, New York, NY: 2022. Disponível em: https://www.un.org/development/desa/pd/sites/www.un.org.development.desa.pd/files/wpp2022_summary_of_results.pdf. Acesso em: 11 jun. 2024.

ORGANIZAÇÃO DAS NAÇÕES UNIDAS – ONU. **World Urbanization Prospects:** The 2014 Revision. Department of Economic and Social Affairs/Population Division, New York, NY: 2015. Disponível em: https://population.un.org/wup/Publications/Files/WUP2014-Report.pdf. Acesso em: 11 jun. 2024.

OXFORD LANGUAGES. **Eficácia**. Oxford: Oxford University Press, 2022a. Disponível em: https://languages.oup.com/google-dictionary-pt/. Acesso em: 31 maio 2023.

OXFORD LANGUAGES. **Gleba**. Oxford: Oxford University Press, 2022b. Disponível em: https://languages.oup.com/google-dictionary-pt/. Acesso em: 5 ago. 2024.

OXFORD LANGUAGES. **Urbe**. Oxford: Oxford University Press, 2022c. Disponível em: https://languages.oup.com/google-dictionary-pt/. Acesso em: 4 jan. 2023.

PAGNO, L. A dignidade humana em Kant. **Barbarói**, n. 47, p. 223-237, 10 maio 2016.

PAULO, V.; ALEXANDRINO, M. **Direito Constitucional descomplicado**. 16. ed. São Paulo: Método, 2017.

PINTO, W. T. S. O direito fundamental à moradia nos loteamentos irregulares: a questão envolvendo a venda de lotes hipotecados dados em garantia pelo loteador e a possível relativização dos efeitos da hipoteca. **Revista de Direito Imobiliário**, São Paulo, v. 86, p. 151-175, jan.-jun. 2019.

POLLI, J. R. Ética e educação: um diálogo entre o pensamento de Paulo Freire e de Jürgen Habermas. **Filosofia e Educação**, v. 10, p. 5-20, 2018.

POPPER, K. **A lógica da pesquisa científica**. 2. ed. São Paulo: Cultrix, 2013.

PREFEITURA MUNICIPAL DE CURITIBA. **Programa Fala Curitiba**. Disponível em: https://fala.curitiba.pr.gov.br/conteudo/sobre-o-programa/50. Acesso em: 28 set. 2023.

QUADROS, D. **Fundamentos em ciência política e teoria do Estado**. Curitiba: Intersaberes, 2021.

QUEIROZ, R. M. R.; FEFERBAUM, M. **Metodologia da pesquisa em direito**. 3. ed. São Paulo: Saraiva, 2023.

ROLNIK, R. **Territórios em conflito:** São Paulo – espaço, história e política. São Paulo: Três Estrelas, 2017.

SALES, C. B. **A ressignificação do conceito de moradia adequada como instrumento de inclusão financeira para as mulheres titulares da Concessão de Uso Especial para fins de moradia**. Tese (Doutorado em Direito) – Programa de Pós-Graduação em Direito, Setor de Ciências Jurídicas, Universidade Federal do Paraná. Curitiba, 2023.

SALES, C. B. Uma releitura do direito das coisas a partir do princípio da dignidade da pessoa humana: a concessão de uso especial para fins de moradia como instrumento de inclusão social. **Revista Judiciária do Paraná**, v. 15, p. 195, 2018.

SALES, C. B.; ROCHA, M. A. A concessão de uso especial para fins de moradia: uma experiência no Bairro Padre Adelmo na cidade de Itabirito. **Diké** (Itabirito), v. 3, p. 175-190, 2011.

SALLES, J. C. de M. **A desapropriação à luz da doutrina e da jurisprudência**. 3. ed. São Paulo: Revista dos Tribunais, 1995.

SANTOS, A. M. S. P. Política urbana no Brasil: a difícil regulação de uma urbanização periférica. **Geo UERJ**, *[S. l.]*, n. 36, p. e47269, 2020. Disponível em: https://www.e-publicacoes.uerj.br/geouerj/article/view/47269. Acesso em: 9 fev. 2024.

SANTOS, A. M. S. P.; LUFT, R. M; MEDEIROS, M. G. P. Direito à moradia: um direito social em construção no Brasil – a experiência do aluguel social no Rio de Janeiro. **Planejamento e Políticas Públicas**, v. 46, p. 217-242, 2022.

SANTOS, B. de S. **Democratizar a democracia:** os caminhos da democracia participativa. Rio de Janeiro: Civilização Brasileira, 2002.

SANTOS, B. de S. Introdução à Sociologia da Administração da Justiça. **Revista Crítica de Ciências Sociais**, Coimbra, n. 21, p. 11-37, 1986.

SANTOS, B. de S. Poderá o direito ser emancipatório?. **Revista Crítica de Ciências Sociais**, v. 65, p. 03-76, 2003.

SANTOS, M. **A urbanização brasileira**. 5. ed. São Paulo: Edusp, 2013.

SANTOS, M. O dinheiro e o território. **Geographia**, v. 1, n. 1, p. 7-13, 1999.

SANTOS, M. O dinheiro e o território. *In*: SANTOS, M. **Território, territórios:** ensaios sobre o ordenamento territorial. 3. ed. Rio de Janeiro: Lamparina, 2007. p. 13-21.

SANTOS, M. G. R.; FREITAS, O. L. C. de. Metodologia de análise e ação nas intervenções urbanas no bairro Rebouças em Curitiba-PR. **Caminhos de Geografia**, v. 23, p. 111-130, 2022.

SANTOS, M. H. A. M. dos. **Direito urbanístico** [recurso eletrônico]. Curitiba: Contentus, 2020.

SANTOS, M. W. B. dos. Direito de propriedade e direito de construir. **Revista de Informação Legislativa**, Brasília-DF, v. 31, n. 124, p. 135-141, out.-dez. 1994.

SANTOS, R. V. dos. Risco na administração pública e estratégias de fuga da responsabilização. In: SANTOS, Rodrigo Valgas dos. **Direito Administrativo do Medo:** risco e fuga da responsabilização dos agentes públicos. 1. ed. São Paulo: Revista dos Tribunais, 2020.

SARLET, I. W. **A eficácia dos direitos fundamentais:** uma teoria geral dos direitos fundamentais na perspectiva constitucional. 13. ed. Porto Alegre: Livraria do Advogado, 2021.

SAULE JÚNIOR, N. A proteção jurídica da moradia nos assentamentos irregulares. Porto Alegre: safE, 2004.

SAULE JÚNIOR, N. **Novas perspectivas do Direito Urbanístico:** ordenamento constitucional da política urbana. 1. ed. Porto Alegre: Sergio Antonio Fabris, 1997. v. 1.

SAULE JÚNIOR, N.; RIVELLI CARDOSO, R. M. **Concessão de uso especial para fins de moradia**. São Paulo: Artgraph, 2012.

SEFFRIN, G., CENCI, D. R. Dignidade da pessoa humana e direito à moradia digna no Estado democrático de direito. *In*: **V Seminário Internacional de Direitos Humanos e Democracia**. 2017. Disponível em: https://www.publicacoeseventos.unijui.edu.br/index.php/direitoshumanosedemocraci a/article/view/8678/7390. Acesso em: 10 out. 2023.

SELINGARDI-SAMPAIO, S. **Indústria e território em São Paulo:** a estruturação do Multicomplexo Territorial Industrial Paulista – 1950-2005. Campinas: Alínea, 2009.

SEN, A. **Desenvolvimento como liberdade**. São Paulo: Companhia das Letras, 2010.

SEN, A.; BOTTMANN, D. **A ideia de justiça**. São Paulo: Companhia de Letras, 2011.

SERRA, C. H. A.; SOUZA, L. A. F. de. Militarização e milicianização da Segurança Pública no Rio de Janeiro. **Sociologias Plurais**, v. 9, p. 354-368, 2023.

SILVA, J. A. da. **Aplicabilidade das normas constitucionais**. 3. ed. São Paulo: Malheiros, 1982.

REFERÊNCIAS BIBLIOGRÁFICAS

SILVA, J. A. da. **Direito urbanístico brasileiro**. 8. ed. São Paulo: Malheiros, 2018.

SOTTO, D. A participação popular e a aderência ao plano diretor como condição de validade das normas urbanísticas municipais: breves reflexões sobre a teoria das fontes do direito aplicada ao direito urbanístico. *In*: LIBÓRIO, D. C. (Coord.). **Direito Urbanístico:** fontes do Direito Urbanístico e direito à cidade. Belo Horizonte: Fórum, 2020. p. 19-34.

SOTTO, D. **A recuperação de mais-valias urbanísticas como meio de promoção do desenvolvimento sustentável das cidades brasileiras:** uma análise jurídica. 2015. 383f. Tese (Doutorado em Direito) – Pontifícia Universidade Católica de São Paulo, São Paulo, 2015.

SOUZA FILHO, C. F. M. de. **A função social da terra**. Curitiba: Arte & Letra, 2021.

SOUZA, M. L. de. **Os conceitos fundamentais da pesquisa sócio-espacial**. Rio de Janeiro: Bertrand Brasil, 2013.

SPOSITO, E. S. (Org.). **Glossário de geografia humana e econômica**. São Paulo: Unesp, 2017.

SPOSITO, M. E. B. Urbanização. In: SPOSITO, E. S. (Org.). **Glossário de geografia humana e econômica**. São Paulo: Unesp, 2017.

STOBE, L. A. F. **O Direito social de moradia viabilizado pela vinculação da receita tributária**. 143f. Dissertação (Mestrado em Direito), Centro de Ciências Jurídicas, Programa de Pós-Graduação em Direito, Universidade Federal de Santa Catarina, Florianópolis, 2011.

TEMER, M. **Elementos de Direito Constitucional**. 17. ed. rev. e ampl. São Paulo: Malheiros, 2001.

TONUCCI, F. **Com os olhos de criança**. Porto Alegre: Artes Médicas, 1997.

VALENTE, J. L. O Rio de Janeiro no urbanismo militar e empresarial. **Continentes**, n. 10, p. 7-26, jul. 2017.

VILLAS BÔAS, R. V.; MOTTA, I. M. Função socioambiental contemporânea da propriedade imobiliária urbana e o poder da exação dos tributos. *In*: CUNHA FILHO, A. J. C. da *et al.* (Coord.). **Direito urbanístico, ambiental e imobiliário:** a partir de casos complexos. Indaiatuba: Foco, 2022. p. 7-22.

WESTHEIMER, J. **What kind of citizen?:** educating our children for the common good. Nova Iorque: Teachers College Press, 2015.

WESTHEIMER, J.; KAHNE, J. What kind of citizen? The politics of educating for democracy. **American educational research journal**, v. 41, n. 2, p. 237-269, 2004.

WOLKMER, A. C. **Introdução ao pensamento crítico moderno**. 9. ed. São Paulo: Saraiva, 2015.

WOLKMER, A. C. Pluralismo, justiça e legitimidade dos novos direitos. **Revista Seqüência**, n. 54, p. 95-106, jul. 2007.

WOLKMER, L. C. **Pluralismo jurídico:** fundamentos de uma nova cultura no Direito. 3. ed. São Paulo: Alfa-Omega, 2001.

ZAVASCKI, T. A. Eficácia social da prestação jurisdicional. **Revista de Informação Legislativa**, Brasília-DF, v. 31, n. 122, p. 291-296, abr.-jun.1994.